威宣渤海

清末醇亲王巡阅北洋海防

姜鸣◎主编

国家古籍整理出版专项经费资助项目

故宫出版社

图书在版编目 (CIP) 数据

威宣渤海 : 清末醇亲王巡阅北洋海防 / 姜鸣主编
. -- 北京 : 故宫出版社 , 2024.10
ISBN 978-7-5134-1535-4

Ⅰ. ①威… Ⅱ. ①姜… Ⅲ. ①北洋海军—史料—汇编
Ⅳ. ① E295.2

中国国家版本馆 CIP 数据核字 (2023) 第 005867 号

威宣渤海：清末醇亲王巡阅北洋海防

姜鸣　主编

出 版 人：果美侠
策　　划：王志伟
责任编辑：王志伟
书名题字：汪　亓
封面绘图：翁林涛
责任印制：常晓辉　顾从辉
出版发行：故宫出版社
地址：北京市东城区景山前街4号　邮编：100009
电话：010-85007800　010-85007817
邮箱：ggcb@culturefc.cn
制　　版：北京印艺启航文化发展有限公司
印　　刷：北京启航东方印刷有限公司
开　　本：787毫米×1092毫米　1/16
印　　张：21
字　　数：328千字
版　　次：2024年10月第1版
2024年10月第1次印刷
书　　号：ISBN 978-7-5134-1535-4
定　　价：156.00元

序言

1886年5月，醇亲王奕譞出京巡阅北洋海防，在清末政坛是一件罕见大事。在经历了1884年“甲申易枢”的政局变动和中法战争的马江之战、石浦之战后，如何建设海军、加强海防、抵御列强的海上侵略，成为清政府必须认真考虑的问题。从小生长在宫廷和王府中的醇亲王，虽然曾经主管神机营，此时又总理海军衙门，其实对于新式军舰、炮台、海军基地、军事院校、军火工厂都没有亲眼目击过，缺乏直接感受，所以在北洋大臣、海军衙门会办大臣李鸿章的策划下，安排了这样一次活动。巡阅也受到慈禧太后的高度关注，她派出总管太监李连英随行，还要求将相关巡阅资料送进宫中供她阅看。

于是，此行就破天荒地安排了随行摄影师和画师，拍摄下醇亲王、李鸿章等大员的个人形象和观看到的场景，既包括外事接待、军队操练和军政大员的形象，也包括醇亲王手下的随员和太监。多数人都是生平第一次拍照。不少重要人物，比如海军衙门会办大臣善庆，海军衙门总办章京恩佑，山东巡抚张曜，提督李长乐、周盛波、宋庆、唐仁廉、徐邦道、左宝贵，总兵丁汝昌、叶志超、罗荣光，道员袁保龄、刘含芳、罗丰禄、周馥、盛宣怀、张翼、潘俊德、吕耀斗，知府汪守正、龚照玙等等，他们中的许多人，后来都是甲午战争中海陆军的指挥官，都在海军巡阅时拍了照片，由此保留下了自己的形象。还有天津武备学堂和水师学堂师生的照片、阅兵时马步队的列队照片、旅顺口海军大坞和黄金山炮台早期建设的照片，这些都是中国近代海军起步时的珍贵痕迹。19世纪摄影术发明之后，主要是外国人在使用。中国官方大规模记录自己的活动，此为首次，可谓开创性事件。另外，随行画师也用手中画笔，画下阅兵舰艇在旅顺、威海、烟台的排兵布阵，威海湾、刘公岛的地形地貌和“定远”舰、“海晏”轮的彩色形象。这些资料，大大拓宽了后人对那个时代的直观了解，也是激起我对于这个课题关注和兴趣的缘由所在。

醇亲王巡阅北洋海防课题，像是一棵枝繁叶茂的大树，三十余年来，我们顺藤攀缘，最后收获丰盛，令人目不暇接。回想起来，我在1987年第4期《紫禁城》杂志上，读到李国强《宫藏旧照：奕譞照片八帧》，其中涉及巡阅海防的有3帧。我曾选用其中醇亲王、李鸿章、善庆三人在天津海光寺行辕的合影，用在1991年出版的《龙旗飘扬的舰队：中国近代海军兴衰史》首页插图，这张照片在当时是首次发布。2002年，我在故宫博物院编的《清史图典》中，看到彩印的《渤海阅师图》册10幅图版，只是尺幅较小。不久，陈悦在为山东威海收集“定远”纪念舰史料时，获得该图册的电子扫描文件，画面就看得很清楚了。后来在《故宫文物月刊》上，我拜读了周维强先生的大作《渤澥乘风：醇亲王海军大阅与巡阅北洋海防图》，获知台北故宫博物院收藏有《巡阅北洋海防图》。几乎同时，故宫出版社发行了《西洋镜里的皇朝晚景》系列明信片，其第八辑“清末官员”的出版说明中介绍，是选用了宫中收藏的《王大臣官弁亲兵照像》中的12帧照片。在随后出版的《故宫藏影：西洋镜里的宫廷人物》图册中，又公布了一些照片。当时虽然只是将其定为官员照片，而我确信，这些都是醇亲王阅兵时所拍摄的。我与出版社王志伟联系，约定寻找和发掘更多的资源编成图册。

不懈的寻找颇有成效，在志伟的努力下，故宫博物院的图像档案资源被认真检索了，又从日本宫内厅档案和法国国防部档案馆中找到一些照片，从而使得本书图片内容丰满。由于故宫博物院原照和日本宫内厅图片都附有当年做好的文字说明或人名标识，更是大大提高了本书的史料价值。此外，这些年来，网络上还流传着其他一些巡阅照片。按照审慎的原则，对于这类没有确定图源和文字解释的照片本书没有收录。

本书发布了故宫博物院藏《渤海阅师图》册的高清图像。同时，收录了周维强先生的专文《醇亲王巡阅北洋海防及其军事图绘》。该文尤其着重介绍了台北故宫博物院保存的《巡阅北洋海防图》。该图是幅风俗画，画中共有28个人物，除了呈现醇亲王、李鸿章、善庆三位大臣在“海晏”轮船上检阅海军的情形外，还包括中外船员和随行人员在船上的活动，栩栩如生，颇具观赏和研究价值。

除了视觉图像，本书还收录了这次巡阅前后醇亲王、李鸿章进行筹备和汇报的奏折、电报，慈禧太后发布的懿旨，醇亲王、李鸿章彼此间商讨的书信，相关官员商讨海军发展的说帖。其中最具价值的，一是醇亲王的诗歌，分别收入《航海吟草》和《九思堂诗稿续编》，此为他在巡阅前、巡阅中和巡阅后所作诗歌，加上诗注，保留下大量记事细节，还有其他高官与他的唱和。陈寅恪先生倡导“以诗证史”，醇亲王的诗简直就是在记录历史事件了。二是时任津海关道周馥所作《醇亲王巡阅北洋海防日记》，详细记载了从筹备到巡阅的诸多安排。两个文件结合起来阅读，对于这次活动会产生一个完整的印象。

醇亲王巡阅北洋海防往返皆在天津停留。本书收录了美国国会图书馆所藏的《天津城厢保甲全图》，并作适当解释，以帮助读者建立起对当年天津的历史认识。

多年来我一直认为，历史研究不仅要使用奏折、上谕等档案文献，还应当使用当事人的日记、书信、诗歌等资料。我还特别关注照片、影片和绘画等视觉图像，这样才能使研究更加生动和深入，也使逝去的年代鲜活具象地再现在读者面前。但在19世纪的环境中，要具备这些要素，本来就是可遇不可求的难得机遇。醇亲王巡阅北洋海防，恰好提供了一个样本，这是驱使我完成这个课题的推动力。在此，谨向本书的策划和编辑王志伟先生致谢，没有他的筹划和努力推动，以及在故宫内部不断地搜寻史料，本书是难以完成的。同时也要感谢徐家宁、陈悦、马忠文、韩策和傅林祥，他们为我在收集整理、考证图片和史料方面提供了很多无私帮助。最后，还要感谢汪亓为本书题写书名。

今年是甲午战争一百三十周年。在此前八年，总理海军事务大臣醇亲王奕譞在会办大臣李鸿章、帮办大臣善庆的陪同下，浩荡出京，检阅海军。一路上帆樯如林，威武雄壮。旅顺口、刘公岛海军基地都在建设中，天津水师学堂和武备学堂也办得红红火火。李鸿章开始谋划经营胶州澳（青岛）基地。醇亲王给自己制作了一枚印章“皇七子和硕醇亲王渤澥乘风”。从1886到1888年，北洋海军建设达到最高潮，对于正在崛起的东洋邻国日本，起到了震慑作用。本书展示的，就是其走向鼎盛时的一个场景。但是，从照片中也可看到，醇亲王领导的海军衙门各级官员都是旧式旗人，大多数是从神机营搬移过来挂名的。他们的名字，以往未曾在中国近代史的史料和研究成果中出现过，起码证明他们没有受过正规的新式教育，不知海军为何物。海军衙门帮办大臣善庆，拍照时兴致勃勃地抱着一支古老的火铳，这很像是他自己随身携带并被认为值得夸耀的热兵器。从这种状态看，谁能不对这支新式海军的各级管理层倒吸一口凉气？海军衙门成立后，清廷决定原先南北洋直接收支的海防经费，统一划拨给海军衙门收放，这是一个非常大的权力调整。海防经费收入历年来一直被拖欠，而各项开支随着海军建设的深入不断扩大，所以李鸿章就不断将北洋经费的困窘向醇亲王汇报。醇亲王也是捉襟见肘、无能为力。他在巡阅海防结束时慷慨大方地向参阅官兵和服务人员发放赏钱，私下和李鸿章商量，这笔五千两费用从官员给朝廷的捐款报效中开支。醇亲王还向李鸿章透露了海军衙门经费挪垫给慈禧太后三海工程的内幕，透过表面的光鲜，展现出内里的龌龊和腐败。巡阅活动拉近了李鸿章和醇亲王之间的私人关系，他们诗歌唱和，互赠礼物。李鸿章在给醇亲王的信中说：“承钞示《航海吟草》，指事叙情，历历如绘，将来刊入大集，俾鸿章辈得附骥尾以留名，实为三生之幸。”还说：“海军事宜一时猝难就绪，全赖殿下深明机要，大力主持，可以逐渐经画。”但私下又直白地告诉张佩纶：“邸尚推诚倚重，惟于外事实多隔膜，人才贤否不甚分明。自谓赶办海军，俟亲政后当逍遥避世，亦明知枢辅不甚得力，然无进退之力也。”

1891年1月1日，醇亲王因病去世。三年多后，北洋海军在中日黄海大战中失败。又越半年，北洋海军在刘公岛保卫战中覆灭。这支龙旗飘扬的舰队，寄托着当时中国人对于国家富强和保卫海防的梦想，清政府也为其投入了巨大资源。其兴也勃，其亡也忽，其中深刻的教训，值得后人记取和总结。

姜鸣
2024年9月

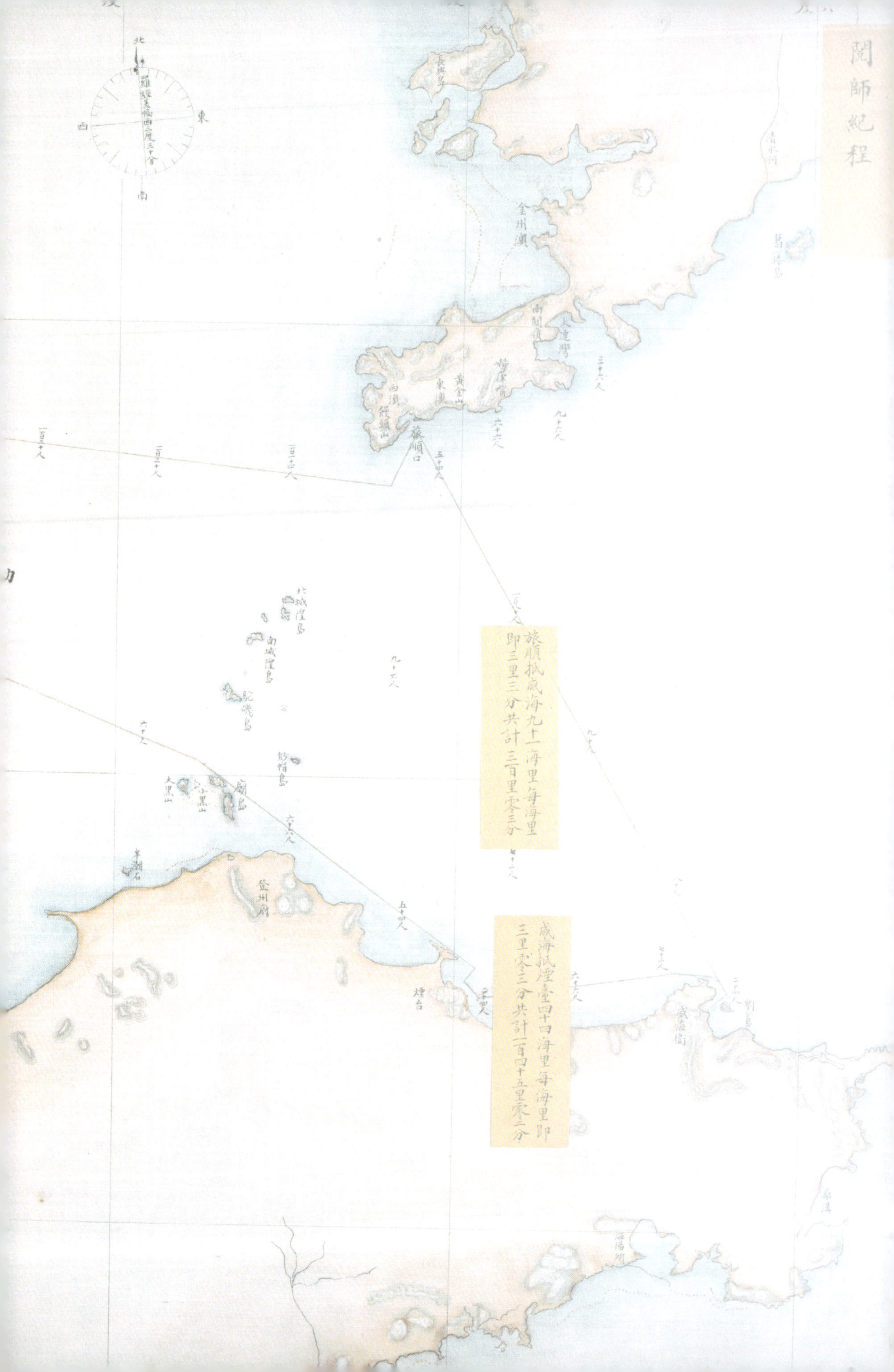
閱師紀程
北
東
南
西
長興島
金州灣
南關嶺
大連灣
黃金山
東澳
西澳
饅頭山
旅順口
清水河
北城隍島
南城隍島
鼉磯島
紗帽島
大黑山
小黑山
廟島
登州府
煙台
威海衛
旅順抵威海九十一海里每海里
即三里三分共計三百里零三分
威海抵煙臺四十四海里每海里即
三里零三分共計一百四十五里零二分

目录

甲　洪涛纵目望无涯：

醇亲王巡阅北洋海防的历史回顾　姜鸣

光绪十一年七月初二日（1885年8月11日），直隶总督、北洋大臣李鸿章上奏“遵议海防事宜折”，结合刚刚结束的中法战争，详细论述购舰艇、修基地、育人才、筹经费等大治水师的观点，还建议设立统辖全国海防的“海部”或“海防衙门”。初五日，清廷发布上谕：“李鸿章奏遵议海防事宜一折，言多扼要。惟事关重大，当此创办伊始，必须该督来京，与在事诸臣熟思审计。将一切宏纲细目，规画精详，方能次第施行，渐收实效。”“该督即行来京陛见，将此由五百里谕令知之。”[1]

早在中法战争之前，李鸿章就一直与总理衙门大臣张佩纶筹划设立全国性的海军管理机构。当时的操作路线，是通过恭亲王奕䜣、军机大臣李鸿藻进行。这条渠道随着“甲申易枢”的变局已不复存在。此后隐执朝政的，是醇亲王奕譞。八月十八日，李鸿章动身入京。觐见慈禧太后，还同醇亲王多次接触，讨论了海军建设的有关事项。

李鸿章此前同醇亲王交往不深，所以一开始对于北京政坛的新格局怀有疑虑。然而朝局变化之后，李鸿章仍然要同中枢打交道，所以他就迫切需要同醇亲王建立联系，发展交情。

九月初五日，清政府成立总理海军事务衙门，任命醇亲王奕譞任总理海军事务大臣，所有沿海水师悉归其节制调遣。任命庆郡王奕劻、大学士直隶总督

---

1 （清）李鸿章：“遵议海防事宜折”，光绪十一年七月初二日，《李鸿章全集》第11册，第147—151页，安徽教育出版社，2007年。

李鸿章为会办大臣，正红旗汉军都统善庆、兵部右侍郎曾纪泽为帮办大臣。

关于这次北京之行，李鸿章事后曾对两江总督曾国荃透露：“鸿章在京勾留两旬，召对五次，敷陈时事，愧无以仰赞高深，与当轴意见不能尽合。大抵禧圣与醇邸锐意图政，欲力变从前婞婗虚饰之习，而诸臣墨守旧规，似不足振兴，亦不敢有所建白。”他还说：“海军一事，条陈极多，皆以事权归一为主。鸿章事烦力惫，屡辞不获。虽得两邸主持，而仍不名一钱，不得一将，茫茫大海，望洋悚惧，吾丈何以教之。”[1]

海军衙门成立之后，将集中全国海防经费的使用权，当然也能协调各支海军力量的发展资源。李鸿章是官场老手，个中奥妙他完全看得明白。醇亲王上年在“甲申易枢”后走向政局前台，本人雄心勃勃，但对于海防和洋务全无经验，海军衙门的办事人员，就套用了一帮他从前分管的神机营的八旗人员。醇亲王欲迅速进入角色，也需要李鸿章的鼎力支持。

李鸿章在北京展开了个人公关。九月初八日中午，他在临时居停的贤良寺宴请醇亲王，并向他赠送了翻译的海军著作《海战新义》《各国水师操战法》《艇雷纪要》各十部。[2]次日是重阳节，醇亲王在家中回请，两人小酌，喝得大醉，也谈得情投意合。

这种隐秘的私下交往，是怎么被发现的呢？原来，醇亲王的诗集《九思堂诗稿续编》中透露了蛛丝马迹：

退省斋与李伯相小酌成什

干戈影外话烟霞，略比开轩就菊花。
一个臣持心似水，两间象蕴事如麻。
天山漫诩捎云箭，渤海先乘犯斗楂。
此际西屠邛筰族，翘瞻王气焕中华。

醇亲王在“渤海先乘犯斗楂”句后用小字加了个注释：“议查沿海各军

1 （清）李鸿章：“复曾沅甫宫保”，光绪十一年十月初五日，《李鸿章全集》第33册，第571页。
2 （清）李鸿章：“致醇邸”，光绪十一年九月初七日，《李鸿章全集》第33册，第550页。

新式枪炮，‘定远’等铁甲船陆续来华，李相拟先乘往东海各口操练，明春成军，余亦赴海口校阅。”[1]

这说明，次年春天醇亲王巡阅北洋海防的计划，是在这个酒局上确定的。

此外，从辽宁博物馆收藏的《李鸿章手札》中，还发现了李鸿章次日早晨写给醇亲王的一封信：

> 昨承赐多珍及宝骑等物，厚意隆贶，却之弗恭，戴德铭肌，愧悚无既。晚间复拜蒸羊花糕之赏，登高佳节，酩酊衔恩。戴奉手谕，敬悉铁路小样，太监学安已熟，即日可恭呈御览，欣忭莫可名言。倘蒙赏收，尤为荣幸。试办铁道前已面奏，但未陈明由津至沽一段，拟于十二日请训时，再遵示略陈。惟陆路百二十里，与洋匠核计，自开办至工竣约须十八个月乃成。京中士大夫少见多怪，必致物议沸腾。若非圣明暨殿下主持，鸿章恐难力任耳。钧驾连日勤劳，断不敢再烦枉顾，当于十二申酉间枢谒，并谢一切。
>
> 手肃，奉叩万福。
>
> 李鸿章谨上，初十卯刻。[2]

这封信除了有醇亲王向李鸿章馈送礼物和宝马的记录，有关于修建津沽铁路的讨论，有双方喝得“酩酊”的描写。更重要的是，为昨日那场私人宴会记下了时间，以便后代研究者将这些历史的碎片缀缀归位。

半年之后，光绪十二年二月十三日（1886年3月18日），李鸿章再次进京，筹备慈禧太后、光绪帝赴西陵谒陵事宜。在此期间，也确定了醇亲王巡阅北洋

1 （清）奕譞：“退省斋与李伯相小酌成什”，《九思堂诗稿续编》卷八，《故宫珍本丛刊》第584册，第54页，海南出版社，2000年。

2 （清）李鸿章：“致醇亲王”，光绪十一年九月初十日卯刻。此函原载李金库整理《李鸿章手札》之十，《近代史资料》总91期，第9页。原文日期署“初十卯刻”。《李鸿章全集》第33册，第552页刊发时，认为“酩酊街恩”可能是“酩酊衔恩”之误。又查刘焯、邢军：《馆藏〈李鸿章手札〉研究》，《辽海文物学刊》1995年第1期第197页所附部分信札的影印件，可见《近代史资料》《李鸿章全集》中所刊“当于十二申酉间枢竭”系“当于十二申酉间枢谒”之误。

海防的具体安排。三月十三日，李鸿章在致张佩纶的一封信中提到了这个计划："陵差甫毕，又办王差，醇邸四月十一（5月14日）来津，约同赴旅顺、烟台观水陆操。"[1]

清朝后期，亲王出京甚少。除了祭陵，难得有机会到各处走走。此次醇亲王巡阅北洋海防，为李鸿章与醇亲王的沟通创造了一个很好的机会。

醇亲王三月十七日（4月20日）致李鸿章的"海字第九号"通信说："此次赴津，善（庆）都护、恩（佑）总办暨随带司事各员均于四月初十日由京前往，王拟于十一日由京启行，抵津后再面商定如何分日阅看各项。至水陆操图，事关呈览，务希饬早备齐为妥。"[2]

醇亲王巡阅北洋海防是晚清官场上的一件大事。当然，历史上大事情从来不断，但往往记录不全，使得后人所知不多。而这次巡阅，却保存下一批珍贵的照片、绘画等视觉图像，和当事人的日记、书信、诗歌等文字记录，配合奏折等官方文件，就使得这场138年前的活动，在今天看来依然栩栩如生。

一　影像——衣冠共是军中侣

这次巡阅的最神奇之处，是李鸿章安排了两个专业摄影师，这在当年的官方活动中，开了一个先河。

19世纪80年代，照相馆在香港、上海、天津颇为流行。作为新派人物，李鸿章是清末大员中较早接触摄影者，也是留下个人照片最多的官员。他平日拍照，都延请广东人梁时泰。同光年间，梁时泰先后在香港、上海、天津开设照相馆，他擅长人物肖像摄影，作品近年来陆续被发掘，包括光绪四年为李鸿章拍摄的全身坐像，光绪五年李鸿章与访华的美国前总统格兰特的合影等等。这次，李鸿章就聘请梁时泰随行。

另一位摄影师是德国人来兴克，也在天津开设照相馆，但关于此人的具体

1 （清）李鸿章："致张佩纶"，光绪十二年三月十三日，《李鸿章全集》第34册，第20页。

2 （清）奕譞："醇亲王来信"，光绪十一年三月十七日，《海军衙门函稿》第1册，第33页，上海图书馆藏。

梁时泰于光绪四年为李鸿章拍摄的肖像

情况及作品，今人了解不多，尚待进一步发掘。

在中国国家图书馆收藏的1888年《天津城至紫竹林图》中，梁时泰照相馆开设于海河西岸英租界河坝道招商东栈南侧，即今台儿庄路和十一经路路口东北角。在其西北处海大道俄国领事馆迤西，今大沽北路大连道附近，有德国照相馆，是来兴克的营业场所。

四月十一日（5月14日），天气晴好，醇亲王出京。他从通州换乘“长龙”座船，沿着大运河前往天津，途中在马头和杨村过了两夜。慈禧太后的总管太监李连英也随同前往。此前，早在四月初二日，李鸿章已命天津机器局总办潘骏德、水师营官郑崇义、总哨黄春源带舢板船23只、“长龙”座船3只，从天津北上通州迎候。那时京津之间尚无铁路相连，所以相比骑马或乘轿，水师木船显然更为舒适。这也暴露了中国近代化新旧嬗递时代的尴尬之处，醇亲王此行的重要内容，是视察新从德国购买的“定远”“镇远”铁甲舰和“济远”巡洋舰，这三艘军舰标志着中国海军的现代化已经走在日本之前。然而出京检阅，

醇亲王乘坐“长龙”木船回程时通过天津三叉河口情景，照片中看到有“郑”字旗帜，估计是郑崇义的标识

却仍要乘坐旧式师船。光绪六年至七年间，李鸿章曾经向朝廷奏议建造铁路，遭到保守势力的强烈抵制，醇亲王私下就建议李鸿章放弃观点。相比之下，东邻日本，东京与横滨间的第一条铁路于1872年10月就投入商业运行。从1870年至1885年，日本工部省“兴业费”（即官营企业投资）总额中，铁路投资占到了49%。

十三日，醇亲王乘坐悬挂“帅”字旗的“长龙”船抵达天津，李鸿章乘小轮船出迎。醇亲王住宿城南海光寺行辕。十四日上午，醇亲王在海光寺接见各国驻天津领事，旋又视察武备学堂。驻跸期间，与李鸿章及随行的帮办海军事务大臣善庆拍摄了一张合影。中午，他在海河畔乘“快马”小轮船赴大沽，文武官肃立岸上恭送，上万百姓扶老携幼围观如堵，武备学堂洋教习以洋乐相送。醇亲王命来兴克将这一盛况拍摄下来（该照片迄今未见传世），而后下驶

醇亲王“长龙”座船近景

六十里，换“保大”轮船前往大沽，再换“海晏”轮，夜泊大沽口炮台下。十五日凌晨2时，月明潮足，浪静风平，“海晏”轮启航，在南北洋14艘军舰护卫下，出海前往旅顺口，傍晚到达。十六日，醇亲王在旅顺口校阅驻防辽东的淮军各部操练。

十七日上午，醇亲王接见英国驻烟台领事宝士德（Henry Barnes Bristow）和观摩阅兵的英国海军提督哈密敦（Vice Adm. Richard Vesey Hamilton）及各军舰舰长。会见结束后，李鸿章提议照相留念，“英提督甚喜，遂聚立照焉”[1]。

醇亲王与哈密敦会晤谈了什么？其在诗歌《晤英国水师提督哈密敦》中有所记录：

---

1 （清）周馥：《醇亲王巡阅北洋海防日记》，《清末海军史料》，第240—241页，海洋出版社，1982年。

醇亲王、李鸿章、善庆摄于天津海光寺行辕

醇亲王在大沽口骑马

晤英国水师提督哈密敦

由来玉帛贵堂堂，莫漫兵车诩擅长。

劳尔迢迢衔国命，为余娓娓话蛮荒。

推诚可必诚能格，作意偏教意转茫。彼统兵舰十艘来会，告以中英须各加精练，永敦和睦，始足保亚欧全局，彼唯唯。

且补当年王会本，从它不胫走重阳。会毕留照一相，余与相国、都统中立，丁汝昌于左，哈密敦于右，其余各大员、官弁、兵丁、洋人以次分立。[1]

目前我们看到的照片，包括到两张合影和一张国外画报上刊载的版画。两张照片中，李鸿章身旁站立的人物略有不同，一张是丁汝昌，另一张是洋人，其中前一张正是印刷报刊插图的木口木刻版画底本。

客人离去后，醇亲王传谕："在事文武，上至提镇道府，下讫护卫队长，人各照一相。"醇亲王还为此另赋一诗：

照相得句 粤人梁时泰洋人来兴克

衣冠共是军中侣，形貌共联海上缘。自王大臣至亲兵，凡在事者，人照一相。

1 （清）奕譞："晤英国水师提督哈密敦"，《航海吟草》，第10页，上海同文书局，1887年。

PRINCE CHUN'S LEVÉE AT PORT ARTHUR

照片中站在李鸿章右侧的为丁汝昌，当时照片尚无法复制，多用木刻刊印。此为原照与版画的对比，图载*The Graphic Otc 2*, 1886

另一照片中，醇亲王居中，李鸿章居右，善庆居左，李、善两侧站立着洋人（浪客湛心供图）

勖尔同人须自勉，汉家麟阁冀他年。[1]

这批照片，后来收入《王大臣官弁亲兵照像》影册，送入宫中存览。在照片旁边，还标注了每个人的官职姓名。

照片中最吸引人的是一张大合影，里面包括了李鸿章麾下的主要洋务干将：直隶候补道盛宣怀，时任轮船招商局督办；津海关道周馥，曾协助李鸿章设立天津电报局、开平煤矿，制订《北洋海军章程》，后来官至两江总督；分省补用道罗丰禄，毕业于福建船政学堂，曾与严复同至英国留学，回国后担任

1 （清）奕谖："照相得句粤人梁时泰洋人来兴克"，《航海吟草》，第10—11页。

八道一知府，前排左起：盛宣怀、潘骏德、黄建筦；中排左起：汪守正、张翼、罗丰禄；后排左起：袁保龄、周馥、刘含芳

李鸿章英文秘书和北洋水师营务处道员，1896年出任中国驻英、意、比国公使；直隶候补道袁保龄，是漕运总督袁甲三的儿子，袁世凯的叔叔，1882年起主持旅顺军港建设；直隶候补道刘含芳，是袁保龄的助手和旅顺港坞工程主管的继任者，此时在为北洋水师训练鱼雷艇，后来担任山东登莱青道；直隶候补道潘骏德，天津机器局总办；分省候补道黄建筦，曾主持天津轮船招商局，后来官至津海关道和江宁布政使；江苏补用道张翼，曾是醇亲王侍从，后任直隶全省及热河矿务督办、帮办路矿大臣；天津知府汪守正，既是天津地方官，亦是著名医生，曾在光绪六年参与为慈禧太后治病，据说安排在天津任职，也是为了老佛爷召唤方便。这样九位为中国近代化事业作出突出贡献的重要人物站在一起，可称蔚为壮观。而照片中多数人物，此前学术界从未见过他们的真容。

海军衙门总办章京恩佑

四川提督宋庆

统领北洋水师天津镇总兵丁汝昌

统领南洋水师已革总兵吴安康

直隶候补道潘骏德（左）
直隶候补道吕耀斗（右）

水师营官郑崇义（左）、黄春源（右）

记名提督左宝贵（左）、刘盛休（中）、徐邦道（右）

左起：正定镇总兵叶志超、署天津镇总兵郑国魁、通永镇总兵吴育仁、署正定镇总兵潘万才

除了这张合影，还有许多重要人物也是首次曝光，或者以往虽然见过照片，但质量不高，且图源就是来自这次活动的。比如海军衙门总办章京、镶红旗副都统恩佑，海军衙门帮总办、神机营文案翼长、军机章京堃岫，海军衙门委员博端、景亨、佟泽沛、希林布，统领南洋水师已革总兵吴安康，管理天津水师学堂直隶候补道吕耀斗，李鸿章派遣前往通州迎接醇亲王的水师军官郑崇义、黄春源。此外，镇守北洋的陆军将领，后来在甲午战争中被频频提及的四川提督宋庆、奉军提督左宝贵、正定镇总兵叶志超、铭军提督刘盛休、楚军提督徐邦道、通永镇总兵吴育仁、补用知府龚照玙以及醇亲王所带的亲兵护卫。特别要提请读者关注的是，这次合影的武官（包括醇亲王本人）全部穿着马褂，腰挎佩刀，显示出他们是在出席一场庄重正式的军事活动。

现在不清楚当日参与照相的总人数。醇亲王在他的诗作《照相得句》的自注中说“自王大臣至亲兵，凡在事者人照一相”，则显然还有照片没有被发现。不仅如此，还有一位神秘而重要的人物，此次随同醇亲王出巡的总管太监李连英，似乎也应留下影像。本书在整理时，还发现在日本宫内厅和法国国防部档案中，也零星保存着几张本次巡阅时拍摄的官员照片，现在一并编入。

十七日这天，北洋还接到总理衙门来电：

> 此次醇亲王阅看旅顺、烟台、天津水陆各操防务及三处地形、炮台、船只式样，均用洋法照图进呈。遵懿旨电达。霰。转呈醇亲王。[1]

以上说明，慈禧太后不仅关注巡阅，还特别要求用洋法拍照片上呈御览，这道懿旨也是中国近代摄影史上的一条重要史料。

此后，两位摄影师随醇亲王前往威海、烟台，视察舰艇操练和基地建设及军事学堂情况。其间拍摄的照片以前未见公布，但在日本宫内厅有部分保存。周馥日记记载，四月二十五日，醇亲王结束巡阅返京之前，在天津向相关服务人员分发赏金，“赏照相粤人梁时泰等四百两”[2]。梁时泰拍摄的照片冲洗后很得醇亲王欢喜，尤其是他与李鸿章、善庆在天津海光寺的合影。他写信嘱咐李鸿章，请他找“能画者按照相摹绘，即交寺僧，俾传佳话”[3]。此后，梁时泰深得醇亲王信任，还为他和家人并他的园林拍过很多照片。

二　绘画——绝顶开颜还太息

同样有趣的是，醇亲王出京，随行带了两位画家：金如鉴和庆宽。其中金如鉴，字子良，直隶人，以善画马著称。另一位庆宽，值得特别记述。

庆宽，本名赵小山，字筱珊，号松月居士、晚号尘外野叟。辽宁铁岭人，后入旗籍。庆宽精于水墨设色，曾在醇亲王府供职绘事，又进内务府供职。庆

1 （清）李鸿章：“译署来电”，光绪十二年四月十七日申刻到，《李鸿章全集》第22册，第52页。
2 （清）周馥：《醇亲王巡阅北洋海防日记》，《清末海军史料》，第245—246页。
3 （清）奕譞：“致李鸿章”，光绪十二年五月二十六日，《海军衙门函稿》第1册，第37页。

庆宽绘光绪《大婚图》册之一开

宽不是职业画家，却经常奉旨创作宫廷历史绘画，他画的陵寝典礼、崇陵山势全图，受到清帝嘉奖。后来他还绘制过光绪大婚典礼图册和颐和园设计全景图。关于庆宽，何刚德在《春明梦录》中曾记述道：

> 内务府郎中庆宽伺候慈宫，颇见信用。有一日，德宗因慈寿要送礼，乃告庆宽曰："要送太后寿礼，汝为我备之。"庆乃打四个金镯式样呈进。谓："皇上要送老佛爷寿礼，四个镯样，请旨要那样即打那样。"太后曰："我四个都要。"庆举以回奏。德宗问："四镯须价多少？"庆曰："值四万。"德宗曰："岂不是要抄我家了！"（传闻德宗私蓄四万，存在后门钱铺生息，今言抄家，与此语似相印）此一事也。庆宽办理太后六旬万寿庆典，设有庆典处，所有应用器物，均由其包揽，殆尽抬价居奇，从中取利。且其气咄咄逼人，旗人多忌之。[1]

1 何刚德：《春明梦录》卷上，第21—22页，上海古籍书店，1983年。

此为野史，但查考《清实录》光绪二十年五月十八日上谕，有如下记载：

谕军机大臣等，有人奏内务府员外郎庆宽本非旗人，身家不清。同治年间，曾充崇文门监督验货家丁，冒入内务府汉军旗籍，蒙捐员外郎，兼银库差使，又派总办各要件。盘踞把持，于应发库款必密令扣出息银，勒令出具甘结，侵蚀干没，不能以万数计。招摇纳贿，百弊丛生，请饬查办等语。著派徐桐、敬信，按照所参各节，严密确查，据实具奏，不准瞻徇情面，曲为开脱。[1]

画家庆宽（左）、金如鉴（右）

六月初八日又谕：

经徐桐等调查该旗户口册及一切案卷，核对庆宽出身年岁，及伊母姓氏年岁，均属不符，是其身家不清，冒入旗籍，不为无据。该员任银库七年，为时甚久，新居精丽，炫人耳目。且有发款扣利之事，以致物议沸腾，显有包揽营私情事。内务府员外郎庆宽著即革职，销除旗档。并著步军统领衙门将该革员房屋财产查抄入官，以示惩儆。[2]

可见庆宽在内务府很有权势，甚至引起了光绪帝的愤恨。在此次出行中，醇亲王给他俩安了“海军衙门章京”的头衔，并加入前述旅顺口的拍照队伍之

1　《清德宗景皇帝实录》光绪二十年五月丙申。

2　《清德宗景皇帝实录》光绪二十年六月丙申。

中，使得我们也能一睹他们的容颜。从照片所附他们的职务来看，庆宽的本职是内务府候补员外郎，金如鉴是东珠市口汛守备，后者属于绿营的正五品官职。

目前发现，此行留下的美术作品有两种，一是彩色册页《渤海阅师图》册，一是大型绘画《巡阅北洋海防图》。

《渤海阅师图》册，可能就是醇亲王信中提到的“水陆操图”，现存于故宫博物院。这套图册为绢本设色，10开，每开纵40.5厘米，横57.6厘米。绘画细腻，保存完好。从其中几张地图来看，显然出于专业人士之手，传统画家一时半会儿是弄不出来的。巡阅开始前的四月初六日，丁汝昌在给周馥和罗丰禄的信中，谈到了“旅顺布防图”和“鱼雷阵图”的绘制和裱装，以备呈送给醇亲王。[1]醇亲王在巡阅途中所作《出旅顺口赴威海卫甫行四十余里海市现于庙岛诗以志异》一诗的注释中，则提到“命随员庆宽、金如鉴绘得二十式”[2]。由此推测，图册是由海军绘图员和随行画家各司其职，合作完成的。

《渤海阅师图》册之《阅师纪程》，介绍了醇亲王从大沽口出发到旅顺口（170海里），再到威海卫（91海里）、烟台（44海里），最后返回大沽口（191海里）的行程和距离。此图实际为一幅渤海湾地图，绘制精准而专业。

《渤海阅师图》册之《海军布阵》，描绘了醇亲王四月十五日乘“海晏”轮，随员乘“保大”轮，在左翼“定远”“开济”“扬威”“南琛”，右翼“镇远”“南瑞”“济远”“超勇”八舰和后卫“镇西”“镇东”“镇南”“镇北”“镇中”“镇边”六炮艇拱卫下，前往旅顺口的壮观场景。画家对于南北洋军舰绘制得十分精准细腻，并且画面具有一定的透视效果。值得一提的是，图上用黄色标签逐一标注舰船名字，以便进呈太后时能够一目了然。

十七日上午，醇亲王一行登黄金山炮台，调“定远”“镇远”“济远”“超勇”“扬威”“南琛”“南瑞”“开济”八舰演阵打靶，又观刘含芳督五

1 （清）丁汝昌：“致周郁山”“致罗稷臣”，光绪十二年四月初七日，孙建军整理校注：《丁汝昌集》上册，第62—63页，山东画报出版社，2017年。

2 （清）奕譞：《出旅顺口赴威海卫甫行四十余里海市现于庙岛，诗以志异》，《航海吟草》，第12页。

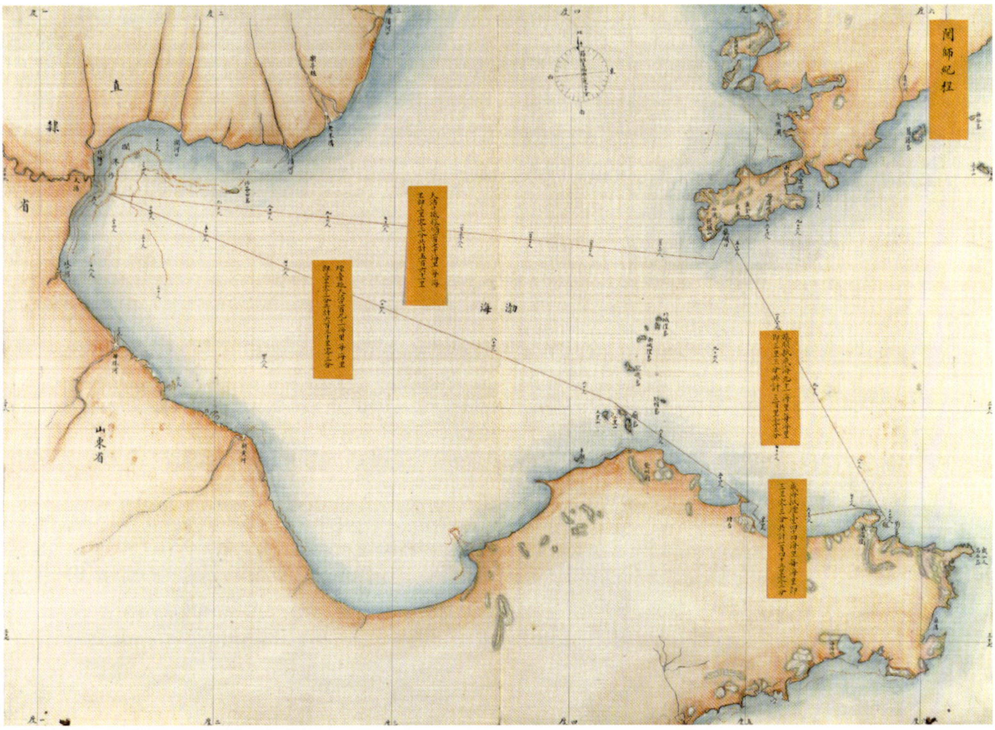

《渤海阅师图》册之《阅师纪程》

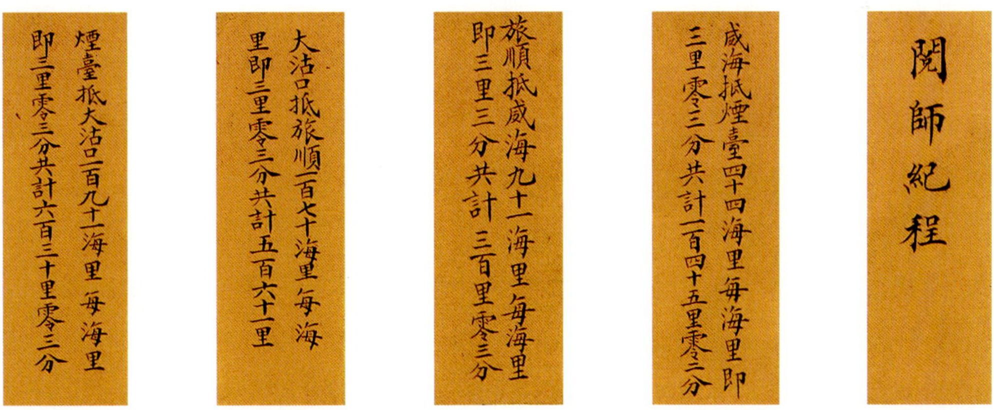

《阅师纪程》上标明的行程签条

艘鱼雷艇发射鱼雷演习。午后，命沿海各炮台轮流打靶，又观看水雷表演。晚间，醇亲王视察旅顺船坞工程。从《渤海阅师图》册之《旅顺水操》中，可以看到“定远”等八舰在鱼贯行进，远处，鱼雷艇对着靶船发起攻击。画面右侧就是黄金山，而更远的白玉山巅，竖立一支旗杆，没有日俄战争后日本人修建的表忠塔（今称白玉山塔）。

十八日下午，醇亲王一行乘“海晏”“保大”前往威海卫。船过庙岛，远处海面上忽然呈现出极为难得遇见的海市蜃楼。当时的场面是“楼台隐见，林树扶疏，树外若有数僧翘首立迎，逾时始散”。随行画家画下了这一难得的景象。此为《渤海阅师图》册之《庙岛蜃市》。当晚，舰队驶抵威海卫。

十九日上午，醇亲王检阅“镇东”“镇西”“镇南”“镇北”“镇中”“镇边”六炮艇，观其打靶。随后，醇亲王、善庆分别验收“定远”“镇远”铁甲舰，恩佑验收“济远”舰。《渤海阅师图》册之《威海船操》描绘此时景象。

《渤海阅师图》册之《威海水道》是一幅威海湾和刘公岛的专业海图，标注出各处海域的水深。本图为高空视角，在没有飞行器的年代，画家能想出这种视角很有眼光。而《渤海阅师图》册之《兵船悬彩》，则展现了新近从德国驶回的“定远”铁甲舰悬挂满旗，在波涛中行驶的雄姿。北洋水师军舰当年采用英国海军流行的维多利亚涂装，舰底红色，舰体黑色，上层建筑白色，烟囱明黄色，这张彩图弥补了黑白照片的缺憾，将舰队风采看得分外清晰。

十九日中午，醇亲王一行离威海卫前往烟台，下午4时到达。英国海军舰队司令哈密敦将军率10艘军舰，法国舰队司令理尧年将军率5艘军舰排泊在烟台山之外迎候。理尧年旋赴“海晏”轮拜会醇亲王。当夜，李鸿章、善庆代表醇亲王前往英法旗舰回拜并致谢。《渤海阅师图》册之《芝罘形势》描绘了烟台地区的海陆形势。

《渤海阅师图》册之《烟台大会》可以看到醇亲王乘坐的“海晏”轮由六艘炮艇卫护，搭乘随员的“保大”轮尾随其后，右侧为南北洋军舰，此时“康济”练船加入编队，故中方右侧军舰达到9艘。画面上方为英法舰队，包括10艘英舰和5艘法舰。此时烟台海面上云集30艘中外军舰，是整个

《渤海阅师图》册之《海军布陈》

《渤海阅师图》册之《旅顺水操》

《渤海阅师图》册之《庙岛蜃市》

《渤海阅师图》册之《威海船操》

《渤海阅师图》册之《威海水道》

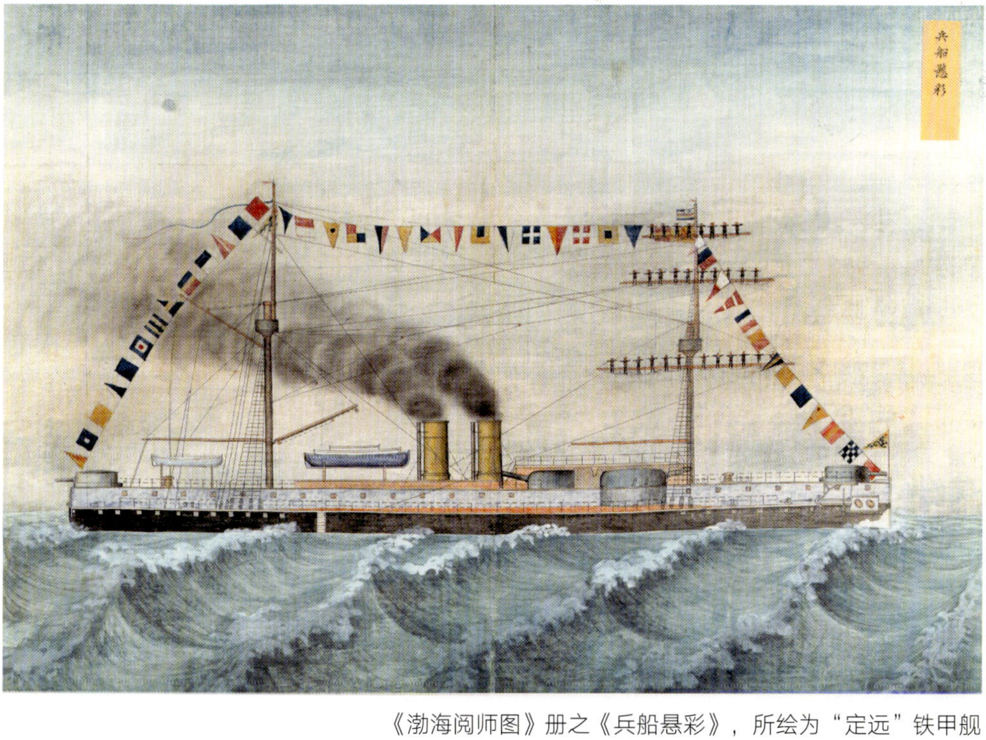

《渤海阅师图》册之《兵船悬彩》，所绘为“定远”铁甲舰

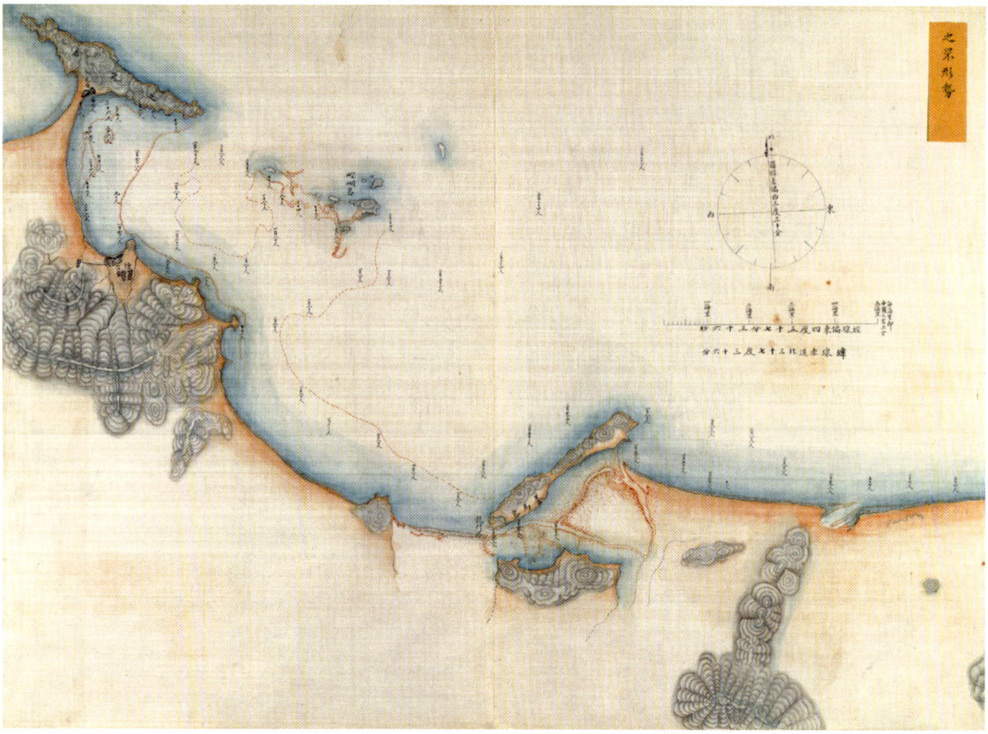

《渤海阅师图》册之《芝罘形势》

《渤海阅师图》册之《烟台大会》

《渤海阅师图》册之《登州振旅》

巡阅过程中最为壮观的时刻。

二十日凌晨1时（丑初），醇亲王一行轮船开行，下午6时（酉正）进大沽口。途中海上微风，有人呕吐，醇亲王谈笑如常，还说："此风在海上尚不为大，具见水师将士终年辛苦。"[1]《登州振旅》一图，展现的是舰队返航的情形。

二十一日，醇亲王巡阅大沽炮台，观看打靶、演放水雷。下午至海神庙拈香，并巡阅大沽船坞。次日，醇亲王返回天津。

在津期间，醇亲王仍住海光寺。他参观了淮军行营制造局，观看子弹生产流程。盛宣怀在厂中布置电灯和织布机器，请醇亲王试观。又检阅驻津淮军操演，视察天津机器制造局和水师学堂，并对学生进行考核。一切都安排得妥妥帖帖。二十五日中午，李鸿章设宴为醇亲王饯行。席间，醇亲王命随从卫士作拳刀之舞以助兴。餐后在李鸿章陪同下，醇亲王从镔门外登舟返京。舟过三叉

1 （清）周馥：《醇亲王巡阅北洋海防日记》，《清末海军史料》，第243页。

河，进北运河，过西沽。醇亲王阅军火库，见军械堆积如山，曰："可以释吾忧矣。"至此，醇亲王的巡阅圆满完成，他愉快地看到了一个强大的渤海防御体系，可以向慈禧太后复命了。

《巡阅北洋海防图》是记录醇亲王巡阅海防的另一件巨幅画作，展现醇亲王座船"海晏"轮在大海中破浪行进的场景。该画横316厘米，纵251厘米，画幅面积达到7.93平方米，绢本彩绘，现藏于台北故宫博物院。周维强先生对此图撰文作了详尽的介绍。就中国绘画史而论，这样的画幅和题材，都是前所未有的。

"海晏"轮是轮船招商局客轮，本次巡阅活动临时借用，作为醇亲王的座船。该船原属美商旗昌轮船公司，1877年随招商局购并旗昌公司而归入中国。排水量2800吨，舒适性较好。中法战争时，曾秘密搭载刘铭传前往台湾。甲午战争爆发后，招商局形式上将轮船出售给德商信义洋行，"海晏"轮一度改名"公义"，马关议和时，李鸿章就乘此船前往日本谈判。后来李经方奉旨向日本交割台湾，也是乘坐此船。可以说，"海晏"轮见证了中国近代史上的许多重要事件。

《巡阅北洋海防图》描绘了"海晏"轮巡阅时的场景。轮船是写实的，船上人物和场景却像一幅有趣的风俗画。画中共有28个人物，站立在驾驶台上的醇亲王、李鸿章、善庆，都穿黄马褂，主甲板上的官员则穿紫色马褂和绿色长袍，前桅上飘扬的白底红边红帅字旗，这样就给后人留下丰富的色彩感受。就人物动态来说，7位外籍船员各司其职：驾驶台和船尾的2人在操作舵轮；船艏有3人，分别在整理杂物、抛下系绳水桶取水和用拖把清洁甲板；船舯的那位头戴礼帽，手执雪茄，正在巡视；船尾还有一名洋员在检查轮机舱风斗。主甲板上，醇亲王的3位随员在布置中西式样座椅；另有3人在检查王爷的官轿。楼梯口有4位官员，似乎在讨论工作，其中有人在低头翻阅公文；在下一甲板，有人在用望远镜瞭望，有人手持烟斗，据猜测，他可能是慈禧太后派遣一路照顾醇亲王的太监李连英。总之，这些人物动静结合，疏密有致，栩栩如生。

还应当补充一句，此画的海浪和云彩也绘制得相当不错。作为19世纪的中

《巡阅北洋海防图》

“海晏”轮甲板和驾驶台的人物场景，醇亲王、李鸿章、善庆在驾驶台，洋员操舵

前桅上飘扬的帅字旗

船舷上的船名标记

船尾龙旗下，还有洋员在操舵

这顶绿呢大轿，也被安置在船甲板上

正在船舯巡视中的洋员

似乎是手持烟枪的太监李连英

国画，已经吸收了西洋技法，写实功力非常强大。[1]

在《巡阅北洋海防图》画面的右侧，远处海面上有一军舰，似是使用“致远”舰在国外海试的照片绘制。在英国定制的“致远”“靖远”二巡洋舰分别于光绪十二年九月初二日（1886年9月29日）和十一月十九日（12月14日）下水，十三年五月十八、十九日（1887年7月8、9日）首次海试。同年十月二十六日（12月10日）驶抵厦门，与北洋水师“定远”“镇远”等舰会师。光绪十四年三月二十六日（1888年5月6日），李鸿章在大沽口验收。“致远”舰没有参加醇亲王巡阅活动，海试照片当在此后从国外带回。画家将其画入，显示出醇亲王、李鸿章对于即将回国的新军舰的憧憬，也证明这幅画作的完成时间，当在光绪十四年春天以后。

醇亲王把《巡阅北洋海防图》称作《渤澥乘风图》，他后来特地刻了一枚印章，印文就是“皇七子和硕醇亲王渤澥乘风”。

《巡阅北洋海防图》画面右侧的军舰

“致远”海试照片

“致远”海试照的翻转方向

钤盖“皇七子和硕醇亲工渤澥乘风”印章照片

1 关于《巡阅北洋海防图》详解，参见周维强：《渤澥乘风：醇亲王海军大阅与巡阅北洋海防图》，同见本书乙篇《醇亲王巡阅北洋海防及其军事图绘》；高宜君：《巡阅北洋海防图修护纪实》，载《故宫文物月刊》2013年8月号，第68—80、82—91页。

又疑云烟出没笼崴嵬。
西送月无痕，东瞻日初浴。
除却升沉赤白丸，惟有滉瀁一色连天绿。海水作深碧色，汲而视之仍与常水色同。
仰寥泬，俯幽宫。神不可召，用《吕氏春秋》语义。蠡不可穷。
但学谢安石，悠然云海中。
不学郭璞狂，浪说蹄涔同。
我心先为坡仙得，走笔大书示二客。时李相、善都统同坐。
兹游奇绝冠平生，苏句。一言能抵千行墨。
涯涘渺不见，仙药安可期？
放怀且迈洪流外，看作桑田未变时。[1]

这是醇亲王最为豪迈之作，他将这首《航海放歌》抄录在《巡阅北洋海防图》右侧，还钤上“会观熔日”和“大阅会师”的印章。

此外，在他诗作的随文小注里，还记有旅顺口诸将领“宋提督庆、雷提督正绾、统领黄仕林、吴兆有皆黄马褂”[2]。旅顺口北洋水师营务处“壁上有各国旗式及海潮消长时日尺丈，图架列外洋诸书”，并“置西洋德律风（电话）一架，可传语十四处，时宋提督已回营盘，试呼与语，如在目前。闻引而申之，能及三百里云”[3]，“鱼雷重六百斤，百丈外放出，自行水中，试以十余丈旧广艇，一触立碎，波为之浊。各台洋炮自数千斤至三万斤”[4]。旅顺口崂嵂嘴炮台为“汉纳根承修炮台，此地最所得意，昨固请纡道临视，故及之”[5]。在与英法海军提督交往中，“李相国历次接见洋员，先告以亲王体制，不让座，不答

1 （清）奕譞：“航海放歌”，《航海吟草》，第8—9页。
2 （清）奕譞：“进旅顺口各军迎谒，岸畔舟中接见诸统领得句”，《航海吟草》，第9页。
3 （清）奕譞：“馆寓夜坐即事”，《航海吟草》，第10页。
4 （清）奕譞：“黄金山顶炮台阅南北洋战舰合操、鱼雷艇轰船及试放电线水雷、八处炮台合演打靶”，《航海吟草》，第11页。
5 （清）奕譞：“崂嵂嘴炮台试放四万斤克虏卜钢炮打靶，备乘宋提督庆菊花青马”，《航海吟草》，第11页。

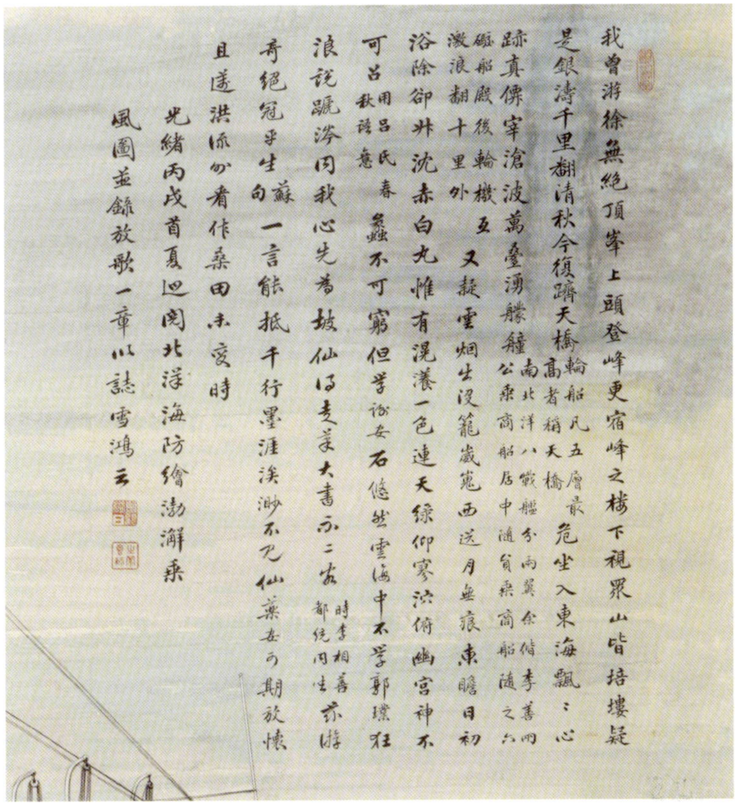

《巡阅北洋海防图》上抄录了醇亲王的《航海放歌》诗

拜。而自与酬酢，并偕善都统至彼船答礼。推崇余者，正所以尊国体也”[1]。等内容。关于外事接待礼节，和周馥记录的“馥先期告各领事云，如愿谒见，须着礼服，以一国领事为一班，分次入，不坐，王不送，不答拜。领事从命”[2]是完全一致的。

醇亲王的诗注，还记录了行程中李鸿章为他精心安排的生活雅趣。比如在前往旅顺口的“海晏”轮上，洋人弹奏钢琴并歌唱。在驶往威海的航程中，李鸿章奉以无锡惠山泉水。醇亲王记得，“时船头洋花盛开，煮茗敲诗，若忘身

1 （清）奕譞：“船抵烟台，山东陈巡抚士杰、广西张巡抚曜因公至台候晤，法国提督理邀年奉其国命，率兵头等四十一人来会，接谈至夕，遂饬停泊。是日午正开船，申正到台，共行一百四十八里”，《航海吟草》，第13页。

2 （清）周馥：《醇亲王巡阅北洋海防日记》，《清末海军史料》，第239页。

在风涛中”[1]，醇亲王的“长龙”座船上，也时时“瓶中芍药正盛”[2]。

终于到了分手时刻。四月二十五日，醇亲王结束了北洋之行。午宴后，李鸿章陪送至北运河桃花口。“桃潭只有汪伦典，高诵青莲往日诗”[3]，醇亲王口诵李白名篇《赠汪伦》，两人揖手作别。

五月初二日，李鸿章写信向已经平安回京的醇亲王致候，并呈两首律诗：

雕弓玉节出天阊，士女如山拥绣裳。
照海旌旗摇电影，切云戈槊耀荣光。
佽飞禁旅严千帐，罗拜夷酋列几行。
德协谦尊齐赞颂，力辞黄屋福威扬。

万千气象蜃楼高，忽地齐烟涌六鳌。
慈佛护持看献瑞，仙舟共济敢辞劳。
自怜坚壁心偏苦，却愧屯田诏屡褒。
无限临歧依恋意，漫吟潭水答云璈。[4]

初十日，醇亲王复信：“赋诗书箑，欣感奚如。勉步二章，聊酬厚谊。”[5]他的和诗曰：

岂学烟波稳放闾，直如仙路咏鳞裳。
从滋舟楫期同济，自昔邦家藉有光。
立雪情联瞻雅度，投醪才绌愧戎行。
后生崛起知谁健，勉继勋酋我武扬。各堂学生颖悟者多，相国甚期望之。

1 （清）奕譞：“听洋人柯士打尾林按洋琴作歌”“风中泛海一律自未正至子初抵威海宿船中”，《航海吟草》，第9、12页。
2 （清）奕譞：“晏起甫盥栉善都统乘钢板轮船驶至舟中闲话得句”，《航海吟草》，第18页。
3 （清）奕譞：“少荃相国饯于督院，复送至桃花口始别”，《航海吟草》，第17页。
4 （清）李鸿章：“随醇邸巡海呈教”，《李鸿章全集》第37册，第83页。
5 （清）奕譞：“致李鸿章”，光绪十二年五月初十日，《海军衙门函稿》第1册，第36页。

放怀碧海接天高，知是骖鸾抑驾鳌。
最喜貔貅皆赳赳，漫疑鹈鲽各劳劳。
藩篱势固神京拱，节钺功深圣母褒。
自问清人独何幸，蜃楼看罢听仙璈。[1]

醇亲王回京后，将此次出行所写的五十首诗刊刻成《航海吟草》，赠送亲贵和朋友，并与宝鋆、孙毓汶等人唱和。

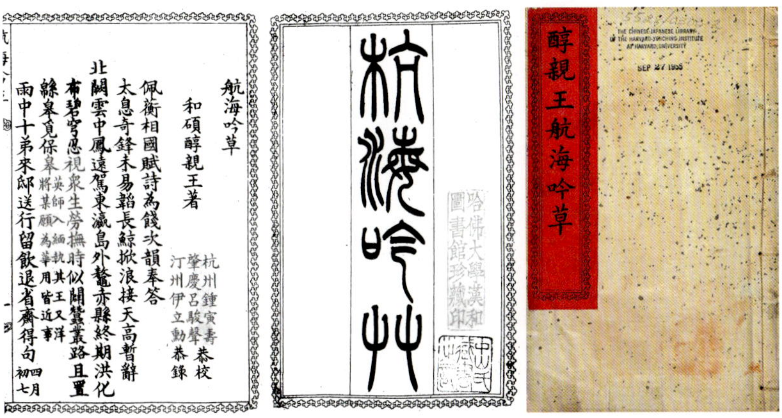

《航海吟草》书影

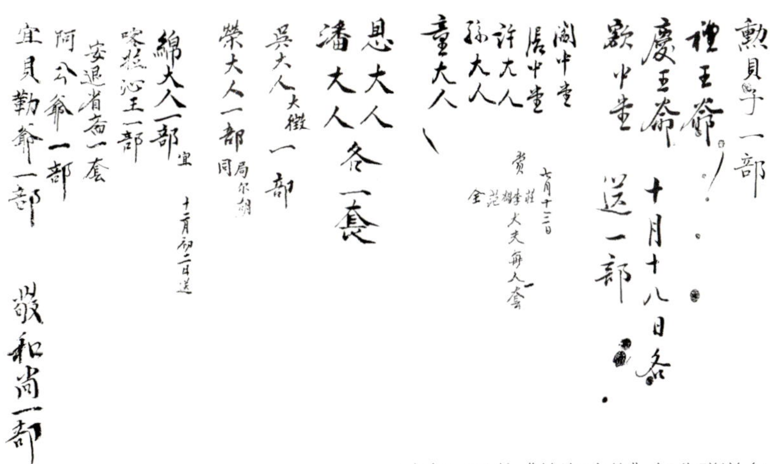

醇亲王手书《航海吟草》部分赠送名单

1 （清）奕譞："自津濒回，以画篚浼少荃相国题诗，承书同巡海口七律二章次韵致谢"，《航海吟草》，第18—19页。

四 日记——治军终日从容急

这次巡阅，保留的史料十分丰富，除了诗、画、照片之外，还留下一部精彩的日记，使得醇亲王的整个行程和接待工作，被记录得十分完整清晰。

《醇亲王巡阅北洋海防日记》作者周馥，字玉山，从淮军时代起，就追随李鸿章，是李的亲信幕僚，后来李鸿章去世时，他是李身边的陪伴者。他本人官至两江总督、两广总督，是清末重要的方面大员，时任津海关道。醇亲王巡阅，就是由周馥统筹各项接待。这部《日记》，北京大学图书馆藏有抄本。三十多年前，张侠等主编的《清末海军史料》已经将其公开发布。

《日记》详细记载了接待工作的细节，也记录了醇亲王对出京随员的严格管束和接待费用。醇亲王出京，随行人员包括海军衙门、神机营的文武官员三十多人，还包括戈什哈（满语，御前或高级官员的侍从护卫）、兵弁、夫役、王府太监人等，约二百三十余人。醇亲王考虑随从众多，对地方或有骚扰，遂在府内倍发粮饷，凡车价、饭食及马匹喂养，皆嘱各人自备。李鸿章认为，历来钦差过津，随行者都由地方接待。现在哪有让醇亲王的属员买薪炊爨之理？所以专派道员张翼（其人曾是醇亲王府的侍从）进京解释。醇亲王才允许随从各员酌量领受，不准稍有索求，并严禁擅收银物、请托等事。

近年来，醇亲王府的谕令也被发掘出来，其原文如下：

> 管事处传奉爷谕：交管事处，此次赴天津查看海军，事属创始，本府随往人众，必当恪守历次诫谕，谨慎体面，除本分差使外，不准干预他事。著派怀他布、瑚图哩、明顺、吉成实力稽察，无论事之大小，务须一一禀知，不准少有瞻徇及私出主见等情弊。果能遵守传谕，回京后优加奖励。倘稍不遵循，无论事之值与不值，何时发觉，即将该四员交地方官递解回京，从重惩办。此谕。著管事处于随往之官员人等及首领太监每人各放一张，特谕。
>
> 为剀切晓谕事：照得本爵堂此次前赴天津阅看海军船只、炮台，所有随带章京等员，随同总办由陆路行走，车辆马匹务当严加约束，免滋弊

端。且沿途经过地方，正值麦初秀穗、大田播种之时，务循大路行走，不得任意驰骤，致有践踏田畴情事。其本爵堂随带之护卫、戈什哈、弁兵人役，及总办、章京各员随带之戈什哈、跟役、车夫人等，虽分前后两起，著统归总办管辖查访，倘有前项情事，一经查出，或被农民告发，即行从严惩办，决不姑宽，切切，特示。[1]

谕，此次赴津，原传除赴旅顺口等处系中堂饬备厨房外，其往返途中及在津数日，均由口分自买食物，马匹草料亦均自备。兹闻中堂已饬全行备办，一切概不由地方官供应，皆系中堂出资，似难过拂盛情。除本爵府中随从人众已饬酌领外，合通谕随往各员弁兵役，著勿庸过事拘泥，酌量领受，惟不准稍有需索，致干惩处。著总办、帮总办于起程之先，通行晓谕，俾归划一。至马匹草料及外雇车辆应需草料，仍遵前谕，自行备办。

再，抵津后，地方文武各员及各营统领、各局官员等，现经总办恩禀商，令赴营务处报到，投递职名，已经允准。倘此内生有弊端，擅收银物及请托私情等事，惟将翼长祥普、明惠立即发折严参，并将总办、帮总办附参，决不姑息徇纵。至本爵堂府宅护卫、家人等，已自行严加钤束。如仍有倚势招摇，或假借名目肆行欺骗，总办、帮总办及营务翼长务刻即禀知，勿稍瞻徇，特谕。[2]

此外，醇亲王出京，慈禧太后赐赏乘坐杏黄轿，醇亲王连上两疏，坚辞不坐。

周馥还记录，根据醇亲王要求，到津后择南城外海光寺为行辕，略加垩饰。院落空旷不严密处，以板隔开。所有陈设器具，皆取朴素简便。一切秾丽及黄赤诸色概置不用。环寺墙外，为淮军行营制造局，有屋八十楹，借给善庆、恩佑诸人作寓所。考虑到屋不敷用，添建瓦房灰房五十二间。寺前临时搭布帐为文武官厅。环寺置巡更兵棚，并起席棚，以停车马。醇亲王到津前一

1 虞和平主编：《近代史所藏清代名人稿本抄本》第一辑，第88册，第581—582页，“醇亲王出都巡阅严饬随从人等各谕”，大象出版社，2011年。

2 虞和平主编：《近代史所藏清代名人稿本抄本》第一辑，第88册，第583—584页。

日，先遣人员在海光寺外找地方买饼饵干粮充饥。接待人员向他们供饭，坚辞不受，李鸿章获悉后亲自告诉他们，此处无从买食，明日王爷到，我替你们说明，不算违背规定，来弁始敢领受。

作为事实上秉政的首席皇亲国戚，醇亲王到天津是件高规格的事情。随从们住宿餐饮可以节俭，迎接王爷的礼仪却不能含糊。按照规制，各部队由统领带队，在二十里内外举枪跪迎，天津镇标兵在十里外跪迎；统领营官挂刀请安，有黄马褂者一律穿着。司道以次在红桥码头站班请安，文武官员到海光寺上手本，请安时附呈履历。醇亲王上轮船时，文武官员至码头送行，由津至大沽沿途所有各营官兵，俱列队河边跪送如前仪。回津亦如之。凡陆营、水师迎送，鸣礼炮三响。

阅操时的仪节是：醇亲王偕李鸿章、善庆至演武厅外下轿，文武官员分两班迎接、请安。设公案三，醇亲王中，李鸿章东，善庆西，升座。在任提督、总兵及司道官员穿补服参堂三躬，统领送阵图给醇亲王观看时，参堂三叩首；营官随统领三叩首。统领请令开操。阅操毕，统领、营官谢操三叩首，文武分两班送行，不请安，不揖。其他迎送鸣炮、奏乐如仪。

从这些仪式看，中国文武官员相见礼仪尚处在中世纪。全体军人身穿戎装，手持洋枪，沿着海河齐齐下跪迎接亲王，是很可笑的古典场景。当然，这种礼仪涉及国家体制，非醇亲王或李鸿章能够改变，一直要到清王朝被推翻之后，中国的军人才不用叩首和下跪。

周馥在《日记》中感慨，醇亲王此行，确实严格做到低调、严纪、不扰民。醇亲王初到天津，上下各用酒席一次，以后只备寻常菜饭。北洋厨役不谙醇亲王的饮食习惯，私求王府厨夫指点，酬以数十金，厨夫上缴醇亲王，即饬退还。醇亲王出巡期间，只准随从人等领受两餐及马匹喂养饲料，无人敢有丝毫需索，地方官员亦无敢以一物馈赠。北洋办此差使前后一个月，除“海晏”“保大”轮船水脚银九千四百余两，由支应局正项支付，海光寺修建房屋、添置器具另行开销外，其余通州至津沽车船夫马等费，并通州、天津、旅顺等处往来伙食，连带醇亲王随从及周馥与办差上下人等食用，只费银一万七千八百五十余两，均由李鸿章另在闲款项下开支。既不扰累于民，亦毋庸地方官赔垫，“诚体恤之至也！”同时醇亲王放赏，为他在京津间运河中提供驾船服务的郑崇义、黄春源杉板水师，每兵赏银四两，每官赏银二十两；史宏祖所带马队，每兵赏银四两；天津镇负责街道保卫的士兵共赏银一百二十八两；各哨官赏加衣料、刀镰；又赏摄影师粤人梁时泰等四百两；赏办差厨役、家人、轿夫等六百两；赏“海晏”船银一千两，“保大”船银八百两，各小轮船银二百四十两；北洋通商大臣衙署内号房戈什等均赏银有差；办差委员六人，亦蒙赏袍料、马褂料等。[1]整个接待工作，大处是纪律严明，小处有香茗鲜花，拿捏恰到好处，宾主皆大欢喜。

五　特别的出行，特别的关注

醇亲王奕譞，字朴庵，号九思堂主人。他是道光帝的第七个儿子，是咸丰皇帝的弟弟，是光绪皇帝的生父，是慈禧太后的小叔和妹夫。醇亲王身份既高贵又敏感，在政治上他和慈禧太后走得很近。此次出行，当然是慈禧太后特批的。

慈禧太后对醇亲王此行高度关注。在清宫上谕档中，存有醇亲王出行期间给太后的六份电报，报告每日行踪。其中四月十五日电报上，还朱批有十二日至二十一日的天气。

由于安排得体，此行中一个最为特殊的人物——大太监李连英也被安排得十分低调，未见任何照片和文字涉及，这和十七年前另一位总管太监安德海嚣张出京然后被斩形成鲜明对照。及至醇亲王返京之后数月，京中方有传闻。御史朱一新据此上奏，称“宗藩至戚，阅军大典，而令刑余之辈厕乎其间，将何以诘戎兵而崇体制？”又说“道路哗传，士庶骇愕。意深宫或别有不得已之苦衷，匪外廷所能喻”。慈禧太后立即反击，要朱讲出真凭实据。朱自然支吾其词，说不清楚。醇亲王又当面告诉慈禧太后：“该总管太监沿途小心伺应，均与府中随往太监无异，绝无丝毫干预外事。”[2]最后朱一新被革职，降级为主

---

1 （清）周馥：《醇亲王巡阅北洋海防日记》，《清末海军史料》，第245—246页。

2 《光绪宣统两朝上谕档》，第12册，第297页，“命朱一新明白回奏所参李连英随阅北洋海口事懿旨”，光绪十二年八月二十五日，广西师范大学出版社，1996年。

醇亲王奕譞朝服像

总管太监李连英（徐家宁供图）

事。慈禧太后以雷霆辣手，平息了坊间的窃窃私语。

醇亲王回京后，除向慈禧太后和光绪帝上呈了水陆各操、鱼雷图样及旅顺、大沽炮台参用华洋各法绘制的图册外，还上奏报告：

> 况目下财力极绌，师船甚单，尤赖炮台陆军以自固。北洋为京畿拱卫，李鸿章所部各队分布各隘，力量并不见厚。臣遍加校阅，将领多经战阵，枪炮皆系新式，操法一律，变化整齐，尚为可恃。[1]

总体而言，醇亲王对北洋海防的评判是低调和审慎的，这和李鸿章一贯强调组建新式海军，最缺“有贝之财”和“无贝之才”的观点相吻合。李鸿章是醇亲王北洋之行的最大受益者。通过这次活动，大大加深了彼此间的沟通。其直接成果是醇亲王上奏，将原来为福建台湾海防购置的“致远”“靖远”“经远”“来远”巡洋舰调拨北洋使用，以加速北洋成军。[2]

醇亲王原来对新式海军一无所知，接任总理海军事务大臣后即遇到各项海

1 中国第一历史档案馆藏《军机处录副档》，档案号03-9420-015。

2 “奕譞奏查北洋炮台水陆操防机器装备水师学堂情形折”，光绪十二年五月初一日，《清末海军史料》，第252页。

军发展的棘手问题，他都难以决策和表态。这次巡阅海防活动，使他对于新式海军有了直观印象。回到北京后，他还布置李鸿章就出使德国大臣许景澄、御史朱一新就海军发展的建言进行讨论，对于在胶州湾（青岛）建设海军基地进行踏勘和评估。

醇亲王主管海军后，马上面临发展经费不足的窘迫问题。但在同时，他又要求李鸿章为内务府的“三海工程”腾挪海军经费（此后，海军衙门还为颐和园工程筹措和挪用资金）。醇亲王在面对慈禧太后的各种私念上，缺乏恭亲王的抵制，多为曲意奉迎。这种态度，给近代海军的发展带来消极的后果。

此时，距中法战争结束刚刚一年，距甲午战争爆发，尚有八年。

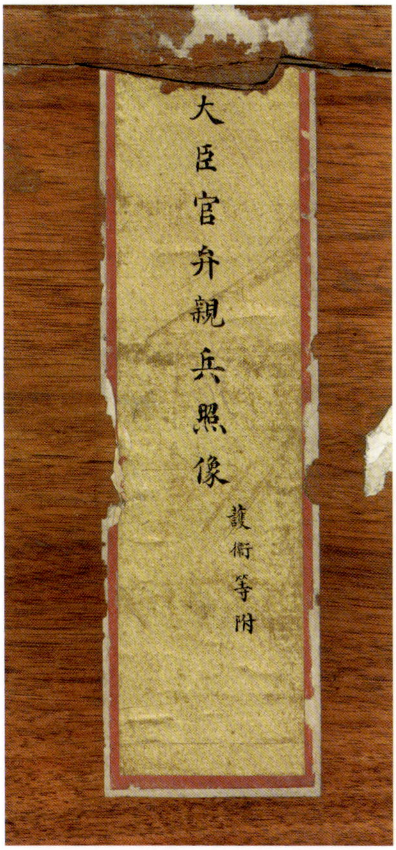

醇亲王奕譞巡阅北洋海防后，向慈禧太后进呈所拍摄的《王大臣官弁亲兵照像》，图为相册题签

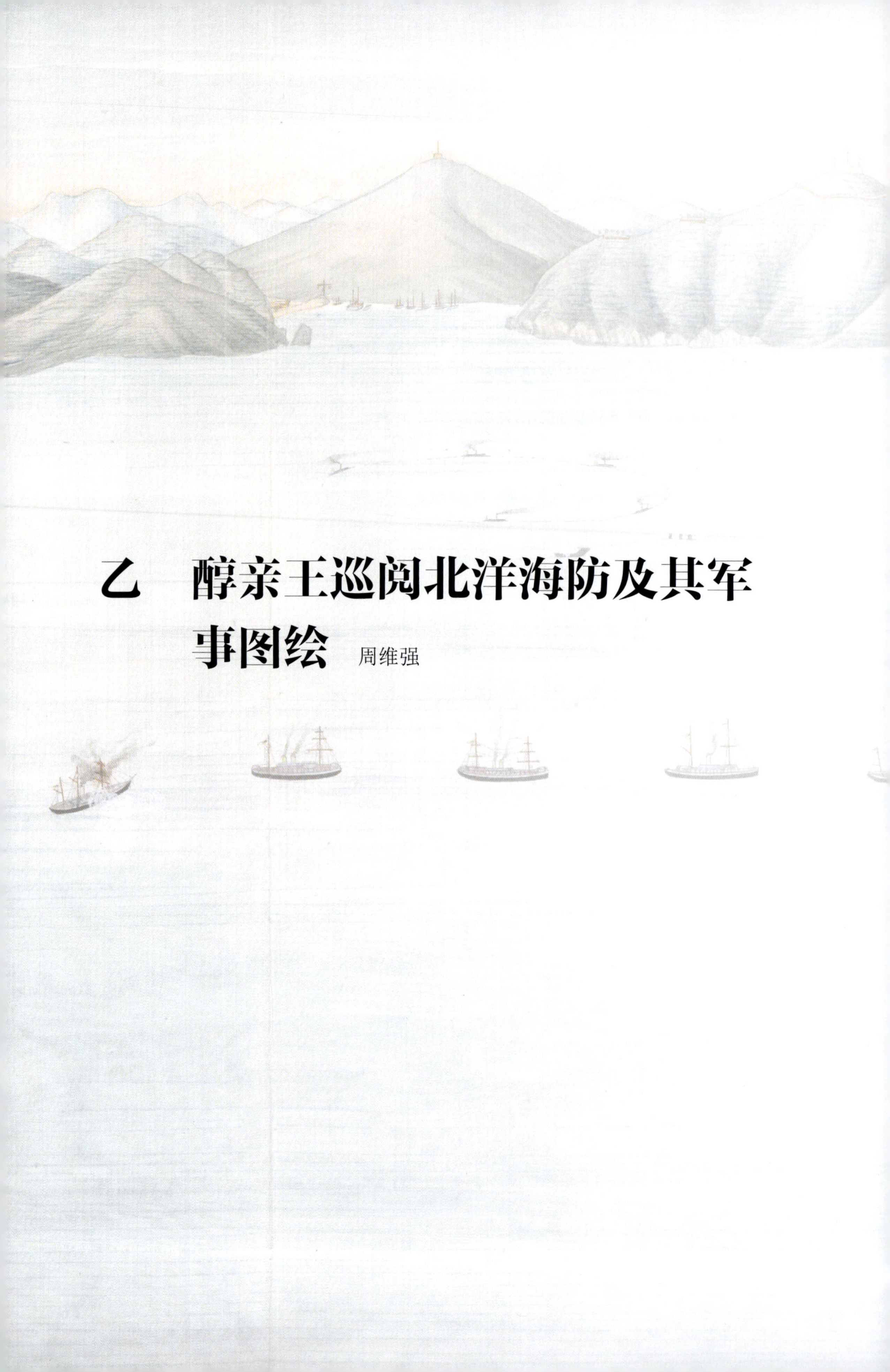

乙　醇亲王巡阅北洋海防及其军事图绘

周维强

一　前言

清前中期，中国北方的海防仰赖南方船炮和人才的支持，加之清初北方并无海防压力，因此防御十分贫弱。[1]在鸦片战争后，西方列强借船坚炮利，直接从海路进犯京师。在英法联军等役的历史教训下，建立北洋海防成为清朝存亡命脉的首要防务。光绪六年正月二十一日，慈禧太后谕军机大臣等称：

> 天津屏蔽京师，关系全局。李鸿章筹防有年，所有建筑炮台、购备战船等事，粗具规模。著将现有兵力认真整顿，备齐战舰，于烟台、大连湾等处择要扼扎，以固北洋门户。奉天、营口本属北洋所辖，该处与烟台海防相接近，即责成该督统筹兼顾，庶几呼应较灵。[2]

将以天津为核心，并配合新式舰队和炮台的建立，联合山东半岛和辽东半岛的防御，统合于北洋大臣李鸿章的职掌之下，打造渤海的体系性防御。

光绪十年二月，中法战争中，清军于越南北宁失守。次月，清廷经历“甲

---

1 周维强：《清嘉道间天津绿营水师的兴废1816—1839》，《故宫学术季刊》第29卷第4期，2012年6月。

2 朱寿朋编：《光绪朝东华录》第1册，第860页，“著李鸿章统筹北洋及天津防务谕”，光绪六年庚辰正月己丑，中华书局，1958年。

申易枢”，醇亲王奕譞替代其六兄恭亲王奕䜣成为实际的主政者。奕譞，爱新觉罗氏，清宣宗第七子、清文宗七弟、穆宗之叔与德宗本生考。他的父亲、兄长、侄子和儿子都是皇帝，福晋叶赫那拉氏则是慈禧太后的妹妹。他于同治年间任都统、御前大臣、领侍卫内大臣，管神机营。同治三年加亲王衔。十一年进封和硕醇亲王。德宗即位，命王爵世袭。光绪五年，赐食亲王双俸。尊贵无比的身份，使得这次主政转移显得备受瞩目。光绪十年八月，南洋水师在福州被击溃，但随后清军于十一年初在广西边境的镇南关挫败法军，双方议和。战事稍歇，原于德国购置的铁甲舰陆续归国，朝廷筹议海防，决议统筹海防经费与事务。最终成立海军衙门，由醇亲王总理。光绪十二年四月，醇亲王随即奉慈禧太后懿旨巡阅北洋水陆各军，其中对于北洋海军的校阅，更是重中之重。

清代为了核实部队的训练和检验战力，规定总督、巡抚有巡阅所属部队的职责，因此直隶总督兼北洋大臣李鸿章曾于光绪十年和十四年至渤海巡阅辖下装备西式舰艇的北洋水师。光绪十一年海军衙门成立，至二十年甲午战争发生期间，共举行三次以北洋水师为主，协同南洋水师等舰队操演的海军校阅。[1]首次是光绪十二年；十四年颁订《北洋海军章程》后，又定“每逾三年请旨特派大臣，会同北洋大臣出海校阅一次”[2]，故十七年和二十年均举行校阅。这五次海上校阅[3]，参演舰队规模不断地扩大，充分彰显出大清积极经营海防，并建立可以与其他列强相抗衡的蒸汽舰队的企图。

在五次校阅中，光绪十二年校阅是由醇亲王奕譞主阅，意义十分特殊。因其出身无比尊贵，又是总理海军衙门事务的亲王，故此次校阅从礼制上观之，是仅次于皇帝亲自校阅的“大阅”。对照清中叶以后鲜少举办大规模军事校阅，而军事上又屡挫于内乱外患的背景，希冀以此高阶军礼活动来重振大清军

---

1 王家俭：《李鸿章与北洋舰队：近代中国创建海军的失败与教训》（校订版），第349—359页，三联书店，2008年。

2 （清）奕譞、李鸿章等：《北洋海军章程》，第4—5页，《北洋海军资料汇编》，中华全国图书馆文献微缩复制中心，影印天津图书馆藏本，1994年。

3 吴杰章等主编：《中国近代海军史》，第186页，解放军出版社，1989年。

威，其重要性可见一斑。[1]

另两位参与校阅的重臣，为北洋水师的催生者，直隶总督兼北洋通商事务大臣李鸿章和神机营正红旗汉军都统善庆。李鸿章，字少荃，安徽合肥人，道光二十七年进士。早年参与平定太平天国、捻军、京东马贼、甘肃回民起义等战事。同治九年调直隶总督兼北洋通商事务大臣。他对于海防极为重视，积极培养人才和建立海军，曾称："惟养兵、设防、练习枪炮、制造兵轮之费万不可省，求省费则必摒除一切，国无与立，终不得强矣。"[2]校阅北洋海军就是检验他多年来致力营建海军的成果。善庆，张佳氏，满洲正黄旗人，黑龙江驻防。军旅生涯中，长期从事剿平捻军的行动，因功被擢为杭州将军，是醇亲王的旧部。光绪年间，先调绥远城，历宁夏、江宁等地，被召还，授正红旗汉军副都统，驻师通州。光绪十一年，充御前侍卫，佐海军事务。

光绪十二年四月十一日，醇亲王奕譞从北京出发，在天津与北洋大臣李鸿章、正红旗汉军都统善庆等人汇合，一同率领文武随员从天津出海，前往旅顺、威海、烟台等地视察海防设施与海军舰队，五月初一日返京复命。竣事后，醇亲王辑出相关诗文成《航海吟草》，随行津海关道周馥编成《醇亲王巡阅北洋海防日记》[3]。最特别的是，此次有广东摄影师梁时泰和德籍摄影师来兴

1 王家俭曾称此次海军校阅"声势浩大、军威隆重，为清季海军建军史所罕见"。王家俭：《李鸿章与北洋舰队：近代中国创建海军的失败与教训》（校订版），第350页。

2 （清）李鸿章："筹议制造轮船未可裁撤折"，同治十一年五月十五日，《李鸿章全集》第5册，第106—110页，安徽教育出版社，2008年。

3 《醇亲王巡阅北洋海防日记》系署理长芦盐运使津海关道周馥所记。周馥，字玉山，号兰溪，安徽东流人。同治元年春，李鸿章成立淮军，周馥投军成为文案，开启了三十余年追随李鸿章办理洋务的工作。光绪十二年，醇亲王巡阅北洋海防，他操办一切，并陪同巡阅，事后撰写《巡阅日记》，醇亲王保举他以按察使留直隶补用。（清）周馥：《醇亲王巡阅北洋海防日记》，收于谢忠岳编：《北洋海军资料汇编》，中华全国图书馆文献缩微复制中心，影印1938年7月周氏师古堂刊本，1994年。

克（Alebrt Reising）[1]两位摄影师参与，部分所摄照片尚存于故宫博物院中。醇亲王曾在宫廷中接触众多帝王画作，亦曾总监平定太平天国、捻军和回民起义等战役的战图。[2]海军校阅之后，画师庆宽也受命绘制《巡阅北洋海防图》及《渤海阅师图》册，此二图显然是承继清朝绘制大阅图的传统所绘，一样也是分别描绘了校阅者和受阅部队的图像记录。这些丰富的图文史料，使得吾人得以窥见北洋海军正式成军前的面貌。

本文拟对校阅前的甲申易枢、筹议海防和成立海军衙门等政治形势和醇亲王的个人生涯稍作铺垫。其次，结合照片史料，对奉旨巡阅北洋水陆各军史实进行考察。其三，传世的《巡阅北洋海防图》和《渤海阅师图》册，无疑是记录这次校阅最重要的官方绘画，与其他宫廷绘画中的军事阅视绘画有传承与创新之处。本文将对两者构成进行解析，期能以此深刻探索此一清季最大的海上校阅活动及其在宫廷图绘中的意义。

二　世变与醇亲王

（一）甲申易枢

光绪十年三月十三日（1884年4月8日），慈禧太后发布懿旨，军机大臣恭亲王奕䜣被“开去一切差使”，其他军机大臣宝鋆“原品休致”、李鸿藻和景廉“开去一切差使，降二级调用”，翁同龢“加恩革职留任，退出军机处”[3]等，而内阁也奉到朱谕，由礼亲王世铎、户部尚书额勒和布、阎敬铭、刑部尚

1 姜鸣先生认为两位摄影师参与了此次巡阅，为采用西法照相术参与官方军事活动、拍摄图像的先河。姜鸣：《洪涛纵目望无涯：醇亲王巡阅北洋海军的历史回顾：影像·绘画·诗歌·日记》，收入《却将谈笑洗苍凉：晚清的政局和人物三编》，第185—223页，三联书店，2020年。又，来歆克，《航海吟草》作“来兴克”。徐家宁先生认为可能是当时在天津大沽路经营德国照相馆的Albert Reising。在李鸿章的奏折中，发现他也是武备学堂的印书洋匠，负责采购石印和铜印的设备和原料。参见（清）李鸿章：“海防收支清册折”，光绪十五年正月二十一日，《李鸿章全集》第13册，第12—26页。

2 张弘星：《流散在海内外的两组晚清宫廷战图考略》，《故宫博物院院刊》2001年第2期。

3 中国第一历史档案馆编：《光绪宣统两朝上谕档》第10册，第60—61页，光绪十年三月十三日，广西师范大学出版社，1996年。

书张之万在军机处行走；工部左侍郎孙毓汶在军机处学习行走。[1]次日，慈禧太后又发布懿旨："军机处遇有紧要事件，著会同醇亲王奕谖商办，俟皇帝亲政后再降懿旨。"[2]十五日，命总理各国事务衙门印信由麟书暂行佩带。[3]十七日，因为清军在越南北宁失利，命令曾国荃切实筹办南洋防守事宜。也命郡王衔贝勒奕劻管理总理各国事务衙门事，内阁学士周德润在总理各国事务衙门行走。[4]这一黜退恭亲王为首的全部军机大臣的政治事件，史称"甲申易枢"。自此，醇亲王奕谖以商办为名，成为了清朝的政治核心。

醇亲王奕谖

醇亲王之商办，仍遭到了部分官员的质疑。三月十八日，左庶子盛昱、右庶子锡钧和御史赵尔巽等人，分别上奏醇亲王不宜参与军机事务。盛昱指出，嘉庆四年正月初时，因军机处事务较繁，仁宗暂令成亲王永瑆入直办事。至十月二十二日，仁宗上谕内阁："本朝自设立军机处以来，向无诸王在军机处行走……但究与国家定制未符。"因此命永瑆不必在军机处行走。[5]仁宗的圣训，使得慈禧太后安排醇亲王问政的举措，受到了官员的质疑。慈禧太后随即对此表态：

> 圣谟深远，允宜永遵。惟自垂帘以来，揆度时势，不能不用亲藩进参机务，此不得已之深衷，当为在廷诸臣所共谅。本月十四日，谕令醇亲

1 《光绪宣统两朝上谕档》第10册，第61页，光绪十年三月十三日。

2 《光绪宣统两朝上谕档》第10册，第63页，光绪十年三月十四日。

3 《光绪宣统两朝上谕档》第10册，第68页，光绪十年三月十五日。

4 《清德宗景皇帝实录》光绪十年三月壬辰。

5 《清仁宗睿皇帝实录》嘉庆四年十月丁未。

王奕譞与军机大臣会商事件，本为军机处现办紧要事件而言，并非寻常诸事概令与闻，亦断不能另派差使。醇亲王再四坚辞，碰头恳恩。当经曲加勉励，并谕俟皇帝亲政后，再降懿旨，始暂时奉命。此中委折，尔诸臣岂能尽知耶？至军机处政事委任枢臣，不准推诿，希图卸肩以专责成。经此次剀切晓谕，在廷诸臣自当仰体上意，毋再多渎。盛昱等所奏应毋庸议，钦此。[1]

慈禧太后一开始以“商办”为名，就是为了回避仁宗圣训。面对臣下的质疑，她以紧要事件和醇亲王推辞为名，化解了臣下以祖训挑战政治权力核心改组的阻力。

（二）海防重建与北洋优先的确立

中法战争中，法国军舰肆虐各处，使得朝廷极为重视海防问题。五月二十三日，上谕发下了内阁学士周德润和崔国因奏折的部分内容，周德润指出，应该“责疆吏以儆效尤”，请枢臣查核所有前后海疆大吏及船厂机局。又指出应“养精锐以实京师”，选练勇三四千人精习西洋枪炮与神机营相辅而行。但其中最重要的内容是提及了“南北洋宜联络一气”，要求：

各省就现有之兵船及催齐已买到之钢甲铁甲船，配齐炮位，练习水师，俟驾驶灵熟，即令遍巡各海口，易地学习，以备互调之用，并饬陆续购造大小兵船数十只，分布紧要海口。请密谕南北洋及闽海大臣通力合作，共矢公忠，不以专辖自私，不以分防歧视。臣等查水师联为一气，实为要着。拟俟南北洋大臣议覆张佩纶请创水军之奏，到时与此条一并请饬交廷议。[2]

而崔国因也提出了精练水师、增兵船的建议。更值得注意的是，他认为应

1 《光绪宣统两朝上谕档》第10册，第73页，光绪十年三月十八日。

2 《光绪宣统两朝上谕档》第10册，第136—138页，光绪十年五月二十三日。

设立铁甲炮台，炮台之炮必达百吨，如俄国圣彼得堡的喀琅施塔得（Kronstadt）炮台和德国基尔（Kiel）海口炮台的成效卓著。而光禄寺少卿刘锡鸿亦曾呈进德国炮台样式，崔国因认为应交总理各国事务衙门咨行南北洋大臣查照试办。[1]

北洋大臣李鸿章

与朝中的氛围相类似，北洋大臣李鸿章奏陈“京师以天津为门户，天津以旅顺、烟台为锁钥”。他在本年五月二十八日，乘轮船前往旅顺和烟台巡阅水陆各军。并会同张之洞、张佩纶、会办北洋事宜通政司通政使吴大澂等陪同，前往研究洋防、审查形势，往返共八日。[2]从同治十三年牡丹社事件后，各省督抚筹议海防，从而决定外购军舰以速成军。这应是多年添购军舰以来，第一次以新式军舰为核心编组进行考察校阅，也是一次有实无名的新式海上校阅。

李鸿章于大沽口外检阅了天津镇水师总兵丁汝昌率领的“超勇”“扬威”两快船，与“威远”“康济”两练船。“镇东”“镇西”“镇北”“镇南”“镇中”“镇边”等炮船则齐集于烟台。五月二十九日，会同张之洞、吴大澂、张佩纶督率各船，放洋操演雁行、鱼贯等阵式，帆缆、灯旗等号令，及枪炮施放之法。据李鸿章称，各舰操练均能“整齐灵变”。闰五月初一日，他又驶往金州、旅顺口，视察道员袁保龄所督导的新筑西式炮台、营垒和船坞等各项工程；同时，还阅看操演水雷和旱雷。闰五月初二日，抵达烟台，会操各船。值得注意的是，甫与中国结束战争状态的法国海军也前来探访，法国水师提督利士比（Adm. Sébastien Nicolas Joachim Lespès）率领铁甲舰二艘、快船两艘驻扎于烟台，邀请李鸿章阅操。此时向外订购的铁甲舰和穹甲巡洋舰尚未回国，北洋水师力量薄弱，李鸿章见法舰船坚炮巨，较北洋各

1 《光绪宣统两朝上谕档》第10册，第138—140页，光绪十年五月二十三日。

2 （清）李鸿章：“出洋巡阅折”，光绪十年五月二十七日，《李鸿章全集》第10册，第468页。

舰雄大，而操法与北洋相近。初三日，李鸿章抵达威海卫，阅看德国副将哈孙（Felix Hausenclever）[1]和道员刘含芳教演鱼雷。鱼雷放射颇为准确，雷艇操驾亦极快捷。初四日，启程返回，李鸿章于次日抵达天津。[2]这次校阅包括了北洋水师的舰队操阅、视察炮台、操演鱼雷、水雷、旱雷和拜会英法舰队等活动，可知其后的海上校阅都是在此一基础上逐渐扩增规模。

尽管朝廷已有重视海防之议，但是主管军事大权的满洲精英却对西方铁甲舰的发展茫昧不知。神机营枪炮厂委员候补道恩佑由神机营代为上奏，请求制造尖底舢板船用于海防：

> 今拟制造尖底舢板船，约长七八丈，可容二十余人，后舵暗以人力摇之，两边用桨十二把，以助尾轮之不足。船头设四管诺等飞炮一尊，船上兵丁可持挡牌一面，各带小洋枪一枝，并载火箭、水雷等项。船行迅速，不畏风涛。如遇敌船，远近皆可攻击。以之分布海面，扼守海口，夷船虽大，不能敌我之众多，夷炮虽巨，不能击我散漫。此项船只炮位，每只置价约用二千余两，较之外洋铁甲船，可省数百倍。[3]

未想慈禧太后对这种以舢板替代铁甲舰以小搏大的低成本建议十分动心，八月十四日，她谕示：

> 神机营奏，据道员恩佑秉称，拟制造尖底舢板轮船，分布海面，扼守海口。如遇敌船，远近皆可攻击，请饬试办等语。敌虽船坚炮巨，若以舢板多只，用火箭等项合力围攻，使四面受敌，亦制胜之一策。著李鸿章、曾国荃、彭玉麟、张之洞、张树声、倪文蔚查照所奏，悉心筹议，酌量试办，以资攻守。[4]

---

1 在德官职为休职海军上尉（Kapitänleutnant Z.D.）。参见白莎（Elisabeth Kaske）《晚清在华的德国军事教官概况》，《北大史学》2008年第13期。

2 （清）李鸿章："奏出洋巡阅情形片"，光绪十年闰五月七日，《李鸿章全集》第10册，第480页。

3 （清）李鸿章："附神机营奏恩佑拟造尖底舢板片"，《李鸿章全集》第10册，第609页。

4 （清）李鸿章："光绪十年八月十四日寄谕"，《李鸿章全集》第10册，第609页。

李鸿章得知此事后，即询问统领水师总兵丁汝昌与机器制造局等人，并于九月二十四日上奏反对此事：

> 臣查恩佑原拟尖底舢板船系以人力摇舵用桨，与轮船所带之舢板式样相同。轮船舢板用十六桨，行驶尚不甚快，只可空船渡人，不能装载军火行战。今以十二桨驾之，即有尾轮亦不能快，必为敌船追及。其尖底原期轻捷破浪，今实以二十余人及枪炮、雷箭、藤牌等件，船载已重，恐遇浪即倾攲泼沉。海上风波险恶，巨舟尚不易涉历，欲令舢板出没洪涛，指挥如意，与铁甲轮船争雄，似非事理所有。至诺飞小炮管径一寸二分，每出之药不足三两，遥击无力，近则必先受敌击。精利水雷非摇桨之小船所能拖装，洋火箭更非小舟所能取准。恩佑以夷船虽大，不能敌我之众多，夷炮虽巨，不能击我之散漫，谓可围攻制胜。不知外洋兵舰铁甲厚至尺许，四面战台皆有铁壁，船系隔堵，系夹层，断非舢板小炮火箭所能攻破。无论海面海口，彼但往来冲驶，轮动波翻，舢板已把持不定，且铁舰皆有碰嘴，木船触之即裂，若被横直压碰，开放铁壳群子弹，小舟薄脆，虽多未有不沉毁者。盖如驱群羊攻猛虎，大小强弱之势不敌也。方今海战，大抵以铁甲御铁甲，则炮巨铁厚，调度灵捷者胜；以铁甲御兵轮，则有铁甲者胜。泰西诸国考究计算最精最确，数十年穷力经营于铁甲，非好为炫奇，因其有实济也。小舟攒攻之说，筹海者屡议而未敢行。中国如有铁甲船五六艘、快船十余艘、鱼雷艇二三十艘，必可长驱而前，与法舰决一胜负。彼亦未敢正视。若论以小胜大，以多胜寡，亦只能用薄甲大炮快轮船及鱼雷艇三五只，在海口围攻一大舰，追敌易及，应变较速，尚可出奇制胜。若所拟舢板式样在海面殊无把握，似不必轻于一试，徒靡经费。[1]

以大量小船围攻巨舰的概念，并非不可行。如大约同时期的法国海军便有绿水学派（Jeune École）理论，主张建造成本较低的海军武器对抗由战舰组成

1 （清）李鸿章：“尖底舢板势难制胜折”，光绪十年九月二十四日，《李鸿章全集》第10册，第608—609页。

的大舰队。[1]这种理论的兴起背景，除了反映了法国需对抗实力强大的英国海军和其他欧陆海军强权外，主要还奠基于当时海军科技的迅速发展，特别是鱼雷的实用化，被认为可以使小船具有对抗巨舰的能力。

但李鸿章与丁汝昌对此显然判断更为正确，大清自制舢板的动力不足以拖动水雷、速度不足以突袭、防护不足以自卫，贸然施行此策，只是浪掷人命而已。恩佑对于外海大洋的海战一无所知，显然不能与军事经验丰富的水师总兵丁汝昌等水师与机器制造局专家相提并论。李鸿章等人的详细说明，体现了双方认识的差异，作为海军政务核心单位的神机营官员必须认识海军事务，已经到了刻不容缓的地步。

（三）筹议海防

法国海军在中法战争中于沿海各地和越南的军事挑衅，使得清朝了解到传统的分权于沿海督抚的海防思维已经无法面对新的挑战，加之西方和日本皆有海军部的设置，统筹海防事宜成为清廷刻不容缓的政治目标。为了能与列强抗衡，清廷必须动用大量的经费，培养人才，兴筑军港，建筑炮台和外购军舰。然而，地方各自为政，中央又财政拮据，如何统筹海防，成为战后的当务之急。

光绪十一年五月初八日，即战争结束三个多月后，朝廷因海防善后用项浩繁，必须通盘筹划，核实经理，方足以裕度支而纾国用。遂以六百里加急向各直省将军、督抚、监督发出上谕，要求各该省关每年岁入数字，其常年例需及现在添支防勇局卡饷需薪水各款之费用，未来可以裁减归并节省之款数额，著各该将军、督抚、监督等切实核计，于一个月内提供。[2]

次日，又谕示军机大臣“海防不可稍弛，亟宜切实筹办善后，为久远可恃之计”，要求“当此事定之时，惩前毖后，以大治水师为主。船厂应如何增

1 Hugues Canuel, From A Prestige Fleet to the Jeune École: French Naval Policy and Strategy under the Second Empire and the Early Third Republic (1852—1914), *Naval War College Review*, Vol. 71, No. 1 (Winter 2018), 93—118.

2 《光绪宣统两朝上谕档》第11册，第112页，光绪十一年五月初八日。

拓？炮台应如何安设？枪械应如何精造？均须破除常格，实力讲求”。指名要求沿海各总督和直隶总督李鸿章、督办福建军务军机大臣左宗棠、兵部尚书彭玉麟、福州将军穆图善、两江总督曾国荃、两广总督张之洞和闽浙总督杨昌濬各抒所见，确切筹议，并迅速具奏。同时，也将此谕和左宗棠奏请旨饬议拓增船炮大厂折、李鸿章奏仿照西法创设武备学堂折的抄本，以六百里加急传给参与此议的大臣们阅看。[1]

这次海防筹议，除了上谕指定的七位大臣分别提出了自己的意见，也有其他官员提出了自己的看法，讨论的焦点主要是筹措海防经费及设立海军衙门两件事。近年研究认为，会议海防的主轴在于裁减长江水师、裁减兵勇、开办银行三项议题，但最终只有裁减兵勇获得落实，经费也只能筹措一百三十余万两。[2]

六月初十日，因左宗棠等议奏整顿海军，并仿造法国新式钢甲兵船，由署理船政大臣裴荫森督率试造，又请拓增船炮大厂。朝廷因此又谕令李鸿章等妥议奏办。由于此时前议海疆善后尚未到齐，故此议等海疆善后定议后再降谕旨。虽然朝廷没有明确反对曾国荃的意见，却对他已与洋商议借巨款，并录稿知会各省的行动表示“未免轻率，著传旨申饬”，否决了他的提议。并且指出，就算洋商同意借款，也只能将此款存储，不准擅行动用。[3]

最后，朝廷最重视的还是李鸿章的意见。七月初一日，李鸿章遵议海防事宜，他指出光绪六年至七年间，北洋始自德国定购“定远”和“镇远”两艘铁甲船、“济远”钢面铁甲快船，又自英国采购“超勇”和“扬威”快船两艘。后因中法交兵，致使德国不准这些船只返回中国，迟至八九月间才能抵达天津。由于台澎防守之需，朝廷已同意继续订购四艘与“济远”相当的军舰。[4]

1 《清德宗景皇帝实录》光绪十一年五月丁未。

2 陈先松、莫世亮等：《第二次海防大讨论与海防经费的筹措》，《历史档案》2011年第2期。作者指出此一经费最后还被挪去赡养八旗子弟。

3 《清德宗景皇帝实录》光绪十一年六月初十日。

4 （清）李鸿章：“遵议海防事宜折”，光绪十一年七月初二日，《李鸿章全集》第11册，第147页。

李鸿章认为中国海防的形势必须建立四支水师，北洋和直隶、辽东、奉天等为一支，南洋苏浙合为一支，闽台合为一支，广东自为一支。每支必须有铁甲船两艘、快船四艘、捷报舸两艘、鱼雷艇二十艘、运兵船两艘，以先立根基，徐图扩充。其中铁甲舰需如"定远""镇远"两舰，快船则应如"济远"，捷报舸（despatch vessel，交通船）则采用英法新设计，船速需能达到十八节者。鱼雷艇则须长百尺，船速需能达到二十节者。铁甲船和捷报舸应在外国订制，快船和鱼雷艇则可以由福州船政局制造。至于枪炮，中国尚不能造后膛大炮，而后门枪则应造连珠或六七响等射速较高的枪支。[1]

李鸿章对于北洋较为重视，也指出了海防经费是关键问题。他对北洋防务的形势分析精确，认为北洋"大连湾口太宽难守，旅顺口虽稍浅狭，正当渤海门户，年来浚澳筑坞，工费过巨，先其所急，不得不竭力经营。若有余力，再在山东之威海卫、胶州湾逐渐布置"[2]。他指出建设水师的经费应为每年五百万两，经过十年的经营，即可见成效。光绪元年起，奉拨南北洋海防经费名为四百万两，其实每年只各得数十万两，仅够养船、购器零用而已。而西方列强和日本都设立了海部，中国则是地方各自为政，"至师船徒供转运之差，管驾渐染逢迎之习，耗费不赀，终无实效"。他说设立海防衙门"斯根柢固，而事权一，然后水师可治"，否则"各省意见不一，购造船械不一，未必不虚耗帑金，而水师仍有名无实，恐永无振兴之日矣"[3]。

李鸿章重视北洋海防，并设立海军衙门的意见，受到了朝廷的肯定。七月初四日，上谕其来京陛见。[4]不久之后，朝廷就从裁减长江水师着手。八月二十四日，醇亲王致函军机处时，即表示李鸿章支持长江水师改用江轮和裁下丁勇归入新海军。十月二十五日，他又致函军机处，说明福州将军穆图善也认同此议，指出只要二十艘小轮船就足够了。醇亲王认为提出裁减长江水师之议，北洋海军无意愿接收，彭玉麟也未必同意，因此建议军机处将曾国藩原创设长江

1 （清）李鸿章："遵议海防事宜折"，光绪十一年七月初二日，《李鸿章全集》第11册，第147页。

2 （清）李鸿章："遵议海防事宜折"，光绪十一年七月初二日，《李鸿章全集》第11册，第148页。

3 （清）李鸿章："遵议海防事宜折"，光绪十一年七月初二日，《李鸿章全集》第11册，第150页。

4 （清）李鸿章："光绪十一年七月初四日寄谕"，《李鸿章全集》第11册，第151页。

水师奏折抄副，交由海军衙门详细研究，以拟定章程，待彭玉麟正式回复意见后，参酌各方意见，再下特旨命其遵守。[1]

九月初三，向德国订制的“定远”“镇远”和“济远”等舰，在德国军官和水手操驾下，即将抵达大沽。李鸿章奏请由德国总兵式百龄（Sebelin）[2]留船管驾教练，由北洋水师提督丁汝昌联络，并调李凤苞至北洋襄筹海防。[3]随船回来的尚有游击刘步蟾等人，他们在欧洲待了三年，负责照料“定远”等战舰的工程，每日在船厂监造，研究制造原理。[4]在船舰抵达后，李鸿章亲自出海验视，并挑选素在兵船之学生及船厂当差之熟手担任管驾、大二三副、管轮、锅炉升火人等职，留下部分德国军人担任教练，并督饬丁汝昌订定三船的员额和经费。[5]

九月初八日，奕劻来访，将舒文书信给醇亲王阅看。醇亲王对穹甲巡洋舰的设计有所疑虑，遂致信军机处，认为新造四舰不应按照“济远”舰打造，并认为应指示曾纪泽和许景澄防止新船有弊。惟醇亲王对于穹甲巡洋舰认识有限，九月十八日，又致信军机处表明对于穹甲的设计没有概念。[6]这些海军发展的重要决策，绝非在北京就可以作出定夺，前往校阅了解实况有其必要性。

---

1 中国第一历史档案馆编：《清醇亲王奕譞信函选》，《历史档案》1982年第4期。

2 式百龄（Sebelin）在德官职为海军少校（Korvettenkapitän）。参见白莎：《晚清在华的德国军事教官概况》，《北大史学》2008年第13期。另，白莎在其书中详细阐述了式百龄在中国的职业生涯。式百龄于1861—1865年间在美国南北战争中参加联邦军海军四年。1867年加入普鲁士海军，在海军参谋部中以少校供职。在李凤苞的荐举下，通过伏尔铿造船厂聘用来华。他于1881年9月1日乘船前往中国，11月抵达天津。李鸿章将“超勇”和“扬威”两舰交给他指挥，由其率领前往上海，与南洋水师汇合，然而因为不愿应对法国舰队，受到了上谕申饬。1885年夏，李鸿章决定不派遣他到德国接运铁甲舰，仅在船只抵达大沽后，留船管驾教练。参见白莎撰，孙立新、顾年茂译：《“俾斯麦的使团”：德国军事教官在中国（1884—1890）》，第110 136页，社会科学文献出版社，2021年。

3 （清）李鸿章：“调李凤苞襄筹北洋片”，光绪十一年九月初三日，《李鸿章全集》第11册，第151页。

4 （清）李鸿章：“再请刘步蟾等奖叙片”，光绪十二年五月初八日，《李鸿章全集》第11册，第414页。

5 （清）李鸿章：“酌定铁甲船人数饷数折”，光绪十二年二月初九日，《李鸿章全集》第11册，第341—342页。

6 中国第一历史档案馆编：《清醇亲王奕譞信函选》，《历史档案》1982年第4期。关于穹甲巡洋舰在华的论争，参见黄宇旸：《薄甲反不如无甲：清季外购巡洋舰的防御设计论争》，韩健平、张澔、关晓武主编：《技术遗产与科学传统》，第31—51页，中国科学技术出版社，2013年。

（四）醇亲王与海军衙门

醇亲王是满族传统的政治精英，对于骑射十分注重。在道光二十七年八岁时，即奉旨学习步枪步箭，曾被召至圆明园含晖楼习射，并命乘马随游御园各处。[1]同治四年四月，于西苑紫光阁骑射中五矢，与礼亲王同被赏穿黄马褂。同治八年三十岁时，也获赐红绒结顶冠。[2]醇亲王也宗仰父亲宣宗皇帝的射艺，同治年间曾在寿皇殿瞻仰含晖楼马射圣容像。光绪十一年，他读道光三年《圣制南苑北红门内枪获三鹿喜成五律》和《御含晖楼马射连中六矢喜成七律》时，作诗追忆父亲一箭射中三鹿，并常传阅御前乾清门王大臣侍卫演练弓马，并亲为表率的情节。[3]这些都是他娴熟军事的基础，但海军却是他没接触过的新事物。

对醇亲王而言，光绪十年并不平静。四月，子载洸早殇。[4]中秋后一日，由都统善庆和托伦布率领神机营、巡捕营和旗绿进行校阅，被调营伍防秋。[5]又于阜成门外校阅马队营总队官、枪箭营总萨凌阿、恒喜、永恰、布增贵等四员时，发现他们年近七十岁，但都飞驰命中目标，他喜而赋诗志感。队中许多军官都是他的旧部，他感叹“少者壮，壮者老矣”[6]，这表明他已经察觉到了军队统领的老化现象。而此时中法战事胶着，北洋水师也前往朝鲜靖乱。[7]内忧外患的格局下，他自己也患病了。十一年正月上旬，在病假调摄中，得知南洋水师在福州被法军突袭的战报。[8]四月初七日，喜得第六子，慈禧太后赐乳名龄格，十二日，正式赐名载洵。[9]四月二十九日，因侄子载泽骑射中六矢被赏黄马褂而十分欢喜。[10]但不久之后，次女又殇逝。[11]七月七日，慈禧太后在南海春藕斋召

1 （清）奕譞：《九思堂诗稿续编》卷七，《故宫珍本丛刊》第584册，第399—400页，海南出版社，2000年。

2 （清）奕譞：《九思堂诗稿续编》卷八，第418页；卷九，第17页。

3 （清）奕譞：《九思堂诗稿续编》卷七，第399—400页。

4 （清）奕譞：《九思堂诗稿续编》卷八，第406页。

5 （清）奕譞：《九思堂诗稿续编》卷八，第412页。

6 （清）奕譞：《九思堂诗稿续编》卷八，第413页。

7 （清）奕譞：《九思堂诗稿续编》卷八，第416页。

8 （清）奕譞：《九思堂诗稿续编》卷八，第418页。

9 （清）奕譞：《九思堂诗稿续编》卷八，第420—421页。

10 （清）奕譞：《九思堂诗稿续编》卷八，第421页。

11 （清）奕譞：《九思堂诗稿续编》卷八，第421页。

见他，并谕示可由中海佛刹万善殿休憩后乘船返家。[1]稍后，他又因左目患眼翳病而请假。[2]时局的纷乱、家族的悲喜和个人的健康问题，无一不影响着他的心志。在“甲申易枢”之后，他在政局上其实并未能积极开展，但他已经从朝政中体会到海军建设的重要性。

七月初五日，李鸿章奉旨来京商议海防，八月十八日抵达北京陛见。但十七日，他还在巡视由广西巡抚张曜所部嵩武军和神机营兵勇八千名联合修浚的京师护城河的完工。[3]九月初五日，慈禧太后下旨，“先从北洋精练水师一支”，派醇亲王奕譞总理海军事务，节制调遣所有沿海水师；派庆亲王奕劻、大学士直隶总督李鸿章会同办理，正红旗汉军都统善庆、兵部右侍郎曾纪泽帮同办理。醇亲王规划创设海军衙门并订定章程，李鸿章则负责专司北洋练军。[4]如此一来，清廷中枢正式设立了海军的专职机构“海军衙门”，沿海要地也有了总体的规划和密实的防范，大清海防看似有了新的格局。

九月十七日，醇亲王奏称，先咨行各省督抚、将军，将沿海水师船只、人员饷糈、各营所存器械，机器局每年制造军火等统造清册咨报。至于海军衙门的衙署，因另建房屋费时较多，故以神机营署的空闲房间稍加修葺，作为总理海军事务衙门，文书则使用神机营印信。又以神机营全营翼长镶红旗汉军副都统恩佑为海军衙门总办文案翼长，以四品衔兵部郎中堃岫、记名知府户部郎中阿麟、内阁侍读学士云骑尉奎焕、记名御史工部员外郎常明四员为帮总办文案。又选宗室载林等二十二员为海军衙门章京，分掌文卷。派营务翼长护军参领祥普等八员用备差遣。[5]海军衙门的功能看似逐渐齐备，但是海军衙门属员绝大多数是旗员的事实，也成为各界批判的重点。[6]

十一月初八日，醇亲王校阅神机营五百名士兵操练时，以近期发展的战争

---

1 （清）奕譞：《九思堂诗稿续编》卷八，第424页。

2 （清）奕譞：《九思堂诗稿续编》卷八，第425页。

3 （清）奕譞：《九思堂诗稿续编》卷八，第426—427页。

4 （清）周馥：《醇亲王巡阅北洋海防日记》，第375—376页，海洋出版社，1982年。关于海军衙门的筹议与设立，王家俭先生已有研究，参见《清季的海军衙门：1885—1895》，收入《中国近代海军史论集》，第199—238页，台北文史哲出版社，1984年。

5 （清）周馥：《醇亲王巡阅北洋海防日记》，第376—378页。

6 王家俭：《中国近代海军史论集》，第199—238页。

经验论述了武器的重要性：

> 自西洋火器盛行，中国之旧式枪炮几至视同弃物，弓矢刀矛无论已然。今春冯提督（子材）诸军克复镇南关，谅山府等处大捷，及去岁将军穆（图善）孙提督（开华）长门沪尾之胜，皆得力于短兵。盖枪炮惟药弹是赖，偶有不济，则无用矣。又长于击远，苟近其身，则不灵矣。第截军火固匪易，近其身尤甚难。营中之练藤牌也，加练手枪则可收效于百步外矣。练斫刀也以能断秸束者受赏，是不止虚式壮观矣。短兵之法如是，而新式火器尤宜讲求。以故练炮队则首重驰驱便捷，练后门枪则要在听令装放，尤以句股测量为取准之度，是固近时各省所稔，闻实京旗从来所未有也。[1]

由此可见，醇亲王对于现代兵器在战争中的作用了然于胸，只是海军事务确是一项新事务，除了船炮等军工技术、航海术、建筑军港，更有海军战术和战略等等专业，没有亲自前往视察，他和海军衙门所属执事官员们无法掌握海军事务的专业性，更无法从全盘大局中思考中国海军发展的战略问题。

此外，海军衙门的经费也是让醇亲王和李鸿章二人头疼的问题。十二月十七日，李鸿章特别致书醇亲王商议海军经费。他指出了海军经费原由北洋海防经费支应，在海军衙门成立后，光绪十二年北洋所需之饷费在一百二三十万两之谱，均应由该部拨付。[2]同日，他也致书总理各国事务衙门，交涉仅拨付新到三舰薪饷的问题，希望能够一体拨付。[3]因此，醇亲王巡阅也是李鸿章说明北洋海防经费必要性的机会。

---

1 （清）奕譞：《九思堂诗稿续编》卷九，第2页。

2 （清）李鸿章："致醇邸筹议海军经费"，光绪十一年十二月十七日，《李鸿章全集》第33册，第604—605页。

3 （清）李鸿章："致醇邸筹议海军经费"，光绪十一年十二月十七日，《李鸿章全集》第33册，第606页。

三　奉旨巡阅北洋水陆各军

（一）启程前的醇亲王与李鸿章

光绪十二年四月，醇亲王奉慈禧太后懿旨巡阅北洋水陆各军。初七日酉刻，李鸿章电报通知醇亲王，英法在华领事都已通知总理各国事务衙门，两国水师将领将带领兵船，在烟台候接。[1]醇亲王对于此行非常期待，行前七日，因得知将搭乘“海晏”轮，特撰诗四首“以志神驰”。[2]其后，他前往练军大营，阅看糯登飞（Nordenfelt）、克鲁卜（Krupp）等火炮和毛瑟、黎意（Lee-Enfield）等洋枪共十种火器演放。还阅看了吉林将军希元打造的嘎尔萨炮和康熙时期打造的“武成永固大将军”炮演放，注意到了西方的榴霰弹的效果。[3]启程前夕，决定于十五日趁潮水出海口。[4]他于四月初九日召见了善庆和恩佑，定于四月十一日自京出发，文武随员三十余人，连同随员、戈什哈（护卫）、兵弁、夫役、王府护卫和太监等二百三十余人。[5]行前慈禧太后赏赐亲佩护身玉佛、绸缎和银两。四月初九日，他请训诫，饬周挚，指授机宜，又被赏赐了玉瓶、金如意、玉佩和针凿等件。[6]

李鸿章为陪同巡阅，将所有地方日行公事，转交长芦盐运史季邦桢暂行代理，紧要事件才随时包封寄至行次亲自核办。[7]他下令由时任天津关道兼充北洋行营翼长的周馥负责操阅的筹备，因此周馥与署理天津镇总兵郑国魁、营务处观察万国顺等人拟定了“到津迎送仪节”和“阅操仪节”。“到津迎送仪节”规范了各队跪迎、站班迎、前导后护、文武到海光寺行辕上本请安，文武马头送，各迎列队跪送等仪式。“阅操仪节”则规范了醇亲王、李鸿章和善庆

---

1 （清）李鸿章：“附译署转呈醇邸”，光绪十二年四月初七日酉时，《李鸿章全集》第22册，第49页。

2 （清）奕譞：《九思堂诗稿续编》卷九，第21页。

3 （清）奕譞：《九思堂诗稿续编》卷九，第21—22页。

4 （清）奕譞：《航海吟草》，第1页，哈佛大学燕京图书馆藏光绪十二年刊本。

5 （清）周馥：《醇亲王巡阅北洋海防日记》，第378—379页。

6 （清）奕譞：《航海吟草》，第2页。

7 （清）李鸿章：“随醇亲王出海视察海军事宜片”，光绪十二年四月初九日，《李鸿章全集》第11册，第396页。

三人抵达演武厅下轿后，厅内王中、爵相东、都统西的公案座次，及文武各员仪节。[1]

李鸿章特别交代周馥，将天津城南的海光寺作为行辕，并按醇亲王朴素简便的指示稍作修缮。海光寺墙外即为淮军行营制造局，有房屋八十楹，也移作善庆和恩佑等人寓所，并添建瓦房、灰房五十二间。海光寺前搭起布帐作为文武官厅，环寺还设有兵棚十六架，另有皖南镇总兵史宏祖率领马队百名，驻守于寺后，掌理守门和前导后护的工作，并由天津地方官员分别处理车船夫马厨船等事宜。[2]

四月初二日，李鸿章先命令制造局总办潘骏德和水师营官郑崇义等人，带杉板二十三只和“长龙”座船三只前往通州迎候。周馥则派员带座船二十五只、火食船五只和厨役家丁等一同前往。[3]初五日，李鸿章派遣督辕武巡捕杨福同等人，从陆路前往通州，照料由陆路前来的车马所需饮食刍秣。初六日，派遣小轮船两艘前往通州。又添雇座船三十只和牵夫二百名，为了怕北运河壅塞，派遣官员命令船只靠西岸，留出河道，以免发生碰撞。初十日，善庆、恩佑及随员们先离开北京，到通州后改搭船只南下，部分王府随从人员马匹则由陆路前往天津。十一日，善庆、恩佑及随员们抵达天津，部分随员先前往海光寺。[4]

“长龙”船其实来自淮军水师营。淮军水师营的船只原由江南船厂修造，因两江总督左宗棠认为非江苏留防水师，应由淮军粮台核办。光绪十年时，淮军驻防直隶、天津，并分驻山东济宁以及江苏清江、瓜洲、扬州一带，共有“长龙”船四艘、舢板八十三艘。[5]

四月十一日卯时，醇亲王与文武随员由北京出发，骑马四十里，巳时抵达通州，于东关外药王庙马头登“长龙”座船。由副将郑崇义带杉板炮船十五艘

1 （清）周馥：《醇亲王巡阅北洋海防日记》，第380—382页。

2 （清）周馥：《醇亲王巡阅北洋海防日记》，第382—383页。

3 （清）周馥：《醇亲王巡阅北洋海防日记》，第383—384页。

4 （清）周馥：《醇亲王巡阅北洋海防日记》，第385—386页。

5 （清）李鸿章：“淮军修造师船折”，光绪十年，《李鸿章全集》第10册，第493页。

护行，旗帜上绘有卦象，由钢造双轮小轮船拖带“长龙”座船。[1]十二日丑初，船只停泊于马头村外，夜间宿于码头，由水师船只环绕停泊，寅初出发。通州协和天津镇官兵一路迎送。[2]《日记》中称，醇亲王在舟行之中只要见到官兵在岸迎接，都会起立远望，夜晚则秉烛起坐。[3]但醇亲王则称开船后就睡着了，航行约四十里后才醒过来。水程九十里后，船队抵达马头村停泊。[4]其后，天津机器局以自造小轮船“仙航”前来迎接，醇亲王与随员共二十四人登上此船，行驶了十余里，因搭载海军衙门文武随员、神机营亲兵和其他船只赶不上而暂停。[5]十二日戌正，船队抵达杨村，距离天津仅九十里，由神机营马步亲兵和水师亲兵在河岸上按更轮值。[6]

光绪五年，因总理各国事务衙门奏请简派大员会办南洋防务，上谕提及江防，认为“长龙”船“似亦可靖内匪，而不能御外侮”，要求督抚考虑辅以浅水轮船及水雷等物取代。[7]光绪六年三月，吉林将军铭安因防备俄国，针对三姓一带水路进行布防，也曾奏拟造舢板战船，并由李鸿章评估，是否沿用长江江防所用的“长龙”舢板等船设立水师等。[8]四月初九，李鸿章认为不足以资守御，故在三姓附近水深溜大之处，设厂筹造小轮船，派遣在广东制器有年的道员温子绍带领造船得力工匠，并将俊启上年代购神机营设厂之机器，由海道运

1 （清）奕譞：《航海吟草》，第2—3页。“长龙”船的起源或是珠江三角洲水域。道光二十三年，广东新安沙井之孔进乡匪首陈翘萃和陈显猷等，各招集千余人，制造“长龙”和“濑跳”等船，装载炮械在该县沿海村庄打单劫掠。不过其跃上历史舞台则与湘军讨伐太平军息息相关。参见《清文宗显皇帝实录》咸丰元年九月辛未。咸丰四年九月间，曾国藩率湘军水师沿长江南下，部将杨载福等探知蕲州太平军前来，即督同秦国禄等，分带“长龙”船和舢板船，自蒜花壕出队迎战，与敌军百余船放炮交战，最终清军烧尽六十余号敌船，取得胜利。这是清军水师“长龙”船的首次胜绩。参见《清文宗显皇帝实录》咸丰四年十月甲辰、辛亥。在台北故宫博物院典藏的《平定“粤匪”图》中，可以大量见到它的身影。

2 （清）奕譞：《航海吟草》，第3页。

3 （清）周馥：《醇亲王巡阅北洋海防日记》，第385页。

4 （清）奕譞：《航海吟草》，第3页。

5 （清）奕譞：《航海吟草》，第3—4页。

6 （清）周馥：《醇亲王巡阅北洋海防日记》，第385页；（清）奕譞：《航海吟草》，第4页。

7 《清德宗景皇帝实录》光绪五年五月庚寅。

8 《清德宗景皇帝实录》光绪六年三月癸未。

至奉天营口，再由陆路运至吉林，以创设船厂。[1]至于“仙航”是光绪六七年间由天津机器局所承造。[2]

十三日巳刻，醇亲王乘船抵达浦口，此地距离天津水程六十里，李鸿章乘“铁龙”船出迎，至浦口登上醇亲王的座船，然后一起在红桥登岸。官员们齐聚天津北郭外红桥迎接，武官们则行装挂刀领队在二十里内外沿途跪接。[3]“铁龙”船是小轮船，连同管带、管轮和舵工等一共配有十二名人员。[4]三月时，慈禧太后曾赏赐醇亲王坐杏黄轿，但他两度上疏力辞。他在天津的座轿，是周馥准备的黄绊四人肩舆。醇亲王从北郭门进，由天津北门到天津南门，抵达海光寺行辕。由寺左门进，至佛殿左旁降舆。醇亲王在大殿拈香，又至御书楼宝座前行礼。稍事休息后，即传见实缺提镇司道天津府等官员，又传见水陆各军统领提督，有天津防营、大沽防营、新城防营、小站防营、旅顺防营、北洋水师和南洋水师等。[5]海光寺为康熙四十四年所建，庙外四面皆水，李鸿章将大钟置于庙外，钟上刻有金刚经全文。[6]醇亲王、李鸿章和善庆用晚饭后，一同散步观花木，并观赏电器灯。[7]

十四日，英、法、德、美、日、俄等国驻天津领事官十一人请谒见醇亲王。按到任先后分为四批接见。第一批法国领事林桩（P. Ristelhueber）、副领事安迪（Pierre Bons d’Anty），第二批俄国师使（原名不详），第三批美国巴拉密（Geo. T. Bromley）、毕得格（原名不详），第四批英国璧利南（Byron Brenan）、禄福里（Harry English Fullford），第五批德国连梓（Dr. Philipp Lenz），第六批日本波多野承五郎（S. Hadano）、郑永昌（Nagamasa Tei）等，由道员罗丰

1 《清德宗景皇帝实录》光绪六年四月丙午。

2 （清）李鸿章：“机器局经费奏报折”，光绪九年二月十六日，《李鸿章全集》第10册，第164—165页。

3 （清）周馥：《醇亲王巡阅北洋海防日记》，第386页。

4 （清）李鸿章：“机器局经费奏报折附清单”，光绪九年二月十六日，《李鸿章全集》第10册，第165—166页。

5 （清）周馥：《醇亲王巡阅北洋海防日记》，第387—392页。

6 （清）奕譞：《航海吟草》，第5页。

7 （清）奕譞：《航海吟草》，第5—6页。

天津武备学堂学生伏案

禄、伍廷芳担任翻译。后来还见了津海关税务司德璀琳（Gustav von Detring）。[1]辰时，醇亲王前往武备学堂，唯此时柳墅的新建堂屋尚未完成，故学生暂居海军公所内，学生们排班执枪跪迎于学堂门外。醇亲王随即命令学生返堂学习，与李鸿章、善庆登楼眺望。又前往印书房视察印刷机，并询问学生测绘功课，检阅学生操练毛瑟枪步队操法。还特别慰劳原学堂主持者，甫去职的湖北简用道杨宗濂，显示他对培养海军武备人才的重视。[2]

1 （清）周馥：《醇亲王巡阅北洋海防日记》，第393—394页；（清）奕譞：《航海吟草》，第6页。德璀琳曾在光绪二年协助烟台议约，六年又协助与俄国议约。十年中法战起，他在香港遇见法国将领利士比、福禄诺等，得知法国舰队将大举骚扰沿海，也对其进行劝阻。李鸿章因而于光绪十年四月十七日上奏为其请奖。参见（清）李鸿章："德璀琳请奖片"，光绪十年四月十七日，《李鸿章全集》第10册，第443—444页。

2 （清）周馥：《醇亲王巡阅北洋海防日记》，第393—394页。

（二）旅顺校阅毅军、黄金山阅操和考察炮台群

十四日午时，醇亲王、李鸿章和善庆一行，自租界紫竹林码头乘“快马”小轮船，经六十里，换乘“海晏”轮前往大沽。[1]官民数万人欢送，学堂的洋教席甚至以洋乐演奏相送，醇亲王因而特命德人来兴克照相二张。[2]“快马”小轮船系由上海江南造船厂制造。[3]未时，航至海河下游，三人换乘“海晏”轮船。盛宣怀和黄建筦两位观察随行照料。海军衙门、神机营等各员则登上“保大”轮船随行，周馥也登此船照料。船行经新城，盛军列队于南岸跪迎，绵延二十余里，北塘仁军及楚军马队则在北岸跪迎。从天津至大沽共二百八十里，船队夜泊于大沽口炮台，炮台记名提督大沽协罗荣光来船拜见。[4]大沽炮台共有五座，分为威、镇、海、门、高，是咸丰时僧格林沁所筑，英法联军之役后被废弃，李鸿章任直隶总督后，以此为基础修建炮台，并增加其他的营垒补强。[5]亥刻，李鸿章代替醇亲王将巳刻外国使臣谒见、午刻开航、戌刻抵达大沽暂泊、预定寅刻趁潮出海的计划，及操阅完毕后奖赏事，以电报寄发总理各国事务衙门代奏。[6]

十五日丑时二刻，“海晏”轮船驶出大沽口，醇亲王登上轮船天桥，北洋水师之“定远”“镇远”“济远”“超勇”“扬威”五舰，和南洋水师合操之“南琛”“南瑞”“开济”三舰分为左右各四护行。这段航程共五百六十里。醇亲王在此时写下了《航海放歌》的诗句。[7]行船期间，醇亲王欣赏船长柯士打尾林（Foster Merlin）弹琴歌唱。在抵达旅顺口前，他接连看见大小竹山、北南城岛和铁岭。[8]

---

1 这次租用招商局轮船的租金，达到9480两。参见（清）李鸿章：“海防收支清册折”，光绪十五年正月二十一日，《李鸿章全集》第13册，第12—26页。

2 （清）周馥：《醇亲王巡阅北洋海防日记》，第394页；（清）奕譞：《航海吟草》，第7页。

3 该船每年支薪粮公费银382两。参见（清）李鸿章：“海防开支轮船薪粮折”，光绪十年正月二十一日，《李鸿章全集》第10册，第378—379页。

4 （清）周馥：《醇亲王巡阅北洋海防日记》，第394—395页。

5 （清）奕譞：《航海吟草》，第7—8页。

6 （清）李鸿章：“寄译署代奏”，光绪十二年四月十四日亥刻，《李鸿章全集》第22册，第51页。

7 （清）周馥：《醇亲王巡阅北洋海防日记》，第394—395页；《阅师纪程》作561里，170海里，（清）奕譞：《航海吟草》，第8—9页。

8 （清）奕譞：《航海吟草》，第9页。

醇亲王前往考察旅顺，主要为考察在前一年就已经完工的旅顺炮台群。[1]十五日酉时，船队抵达旅顺口，旅顺各炮台鸣炮为礼，统领毅军四川提督宋庆、提督雷正绾、统领毅军记名提督黄仕林、吴兆有等着黄马褂，和统领护卫营都司张文宣等人列队于旅顺口门内。醇亲王入驻袁保龄公所，即旅顺水师营务处，善庆则住在东偏房，因房屋较小，李鸿章驻于“海晏”轮，恩佑等随员也宿于“保大”轮。醇亲王在水师营务处看见墙上挂有世界各国旗式和《海潮消长时日尺丈图》，书架上则有外洋书籍，桌上放置有可以通联十四处的德律风（电话）一架，他特别借此与回营的宋庆提督通话，通话距离为三百里。[2]戌刻，李鸿章又代替醇亲王向慈禧太后奏报启航和抵达旅顺时间，不过他奏报的是戌初抵达旅顺。[3]

十六日辰时，醇亲王至毅军教场阅操。宋庆所部毅军三营驻金州，五营守旅顺，学习德国步队操法，并讲求西洋炮法，操练精熟，醇亲王十分叹赏。午后，庆军由统领黄仕林、吴兆有、张文宣等带队操阵，操演整齐划一。宋庆又命将士演地雷五发，由醇亲王亲自放电击发。当日统领奉天东边防军固原提督雷正绾、统领奉天营口防军记名提督左宝贵、金州副都统文格等也抵达旅顺。[4]

因英国海军提督哈密敦（Richard Verey Hamilton）率领英舰十艘前来，十七日卯时，醇亲王会见英国驻烟台领事宝士德（H.B.Bristow）、哈密敦及军官等十一人。由周馥和丁汝昌引见，会面结束后，李鸿章请示醇亲王与之合影。[5]醇亲王、李鸿章和善庆中立，丁汝昌立于左，哈密敦立于右，其余官员以次分立。[6]会后，李鸿章又安排于偏厅与哈密敦燕饮。醇亲王又传谕，在事文武上至提镇道府，下讫护卫队长，由粤人梁时泰和洋人来兴克照相，每人各照

---

1 当时尚未委诸法人包办旅顺港之建设。参见王家俭：《旅顺建港始末（1880—1890）》，收入《中国近代海军史论集》，台北文史哲出版社，1984年。

2 （清）周馥：《醇亲王巡阅北洋海防日记》，第394—395页；（清）奕谟：《航海吟草》，第9—10页。

3 （清）李鸿章：“寄译署代奏”，光绪十二年四月十五日戌刻，《李鸿章全集》第22册，第51页。

4 （清）周馥：《醇亲王巡阅北洋海防日记》，第396—397页。

5 （清）周馥：《醇亲王巡阅北洋海防日记》，第397页。

6 （清）奕谟：《航海吟草》，第11页。

一像。[1]申刻，李鸿章收到总理各国事务衙门转来慈禧太后懿旨，命令醇亲王阅看旅顺、烟台、天津水路操防及三处地形、炮台、船只式样，均用洋法照图进呈。[2]这些照片很可能也成为了后来庆宽绘图的素材。

巳时，醇亲王前往黄金山炮台，阅看四项军事操演：一是由“定远”“镇远”“济远”“超勇”“扬威”北洋五舰和“南琛”“南瑞”“开济”南洋三舰合操；二是在旅顺港东侧黄金山山南深水域，由刘含芳率领鱼雷五艇进行阵形操演和打靶。先以空雷射靶，再以装棉药之鱼雷射击旧广艇，鱼雷准确命中，击毁目标。1880年7月，大清驻柏林使馆随员徐建寅与秘书金楷理参观柏林施瓦茨科普夫的鱼雷制造厂后，决定引进德国鱼雷，订购了鱼雷艇、鱼雷桥和工厂的建材。经刘含芳五年精实训练，又得到德国副将哈孙克赖发（即哈孙克来伐，Felix Hausenclever）的指导，训练成果显著。[3]三是午后醇亲王传令各炮台打靶，自澳西馒头山、蛮子营、威远台、老虎尾、牧猪礁、崂嵂嘴，以24厘米和12厘米克虏伯后膛钢炮连环射击。又命黄金山大炮每炮射击五发；最后由袁保龄演习水雷八具，以电线电火启动。当日各炮台总计发射炮弹百余发，军舰也炮击百余发。鱼雷一具，水雷八具。晚间醇亲王前往黄金山下看船坞。[4]

十八日辰时，醇亲王参观崂嵂嘴炮台，这些炮台都是德国人汉纳根（Constantin Alexander der Stephan von Hanneken）监造的。[5]其中崂嵂嘴炮台最佳，故请醇亲王绕道访此。提督宋庆特别提供了菊花青马为醇亲王坐骑，并

1 （清）周馥：《醇亲王巡阅北洋海防日记》，第397页；《航海吟草》称：“自王大臣至亲兵，凡在事者，人照一像。”即现藏于故宫博物院之《王大臣官弁亲兵照像》。

2 （清）李鸿章：“译署来电”，光绪十二年四月十七日申刻，《李鸿章全集》第22册，第52页。

3 哈孙克来伐，1883年由德国海军部派至中国，时为海军上尉，作为高级机械师福来舍（Hermann Fleischer）的助理，年薪三千两。醇亲王巡阅时，他已经返回欧洲，出任德国驻伦敦大使馆武官。白莎撰，孙立新、顾年茂译：《“俾斯麦的使团”：德国军事教官在中国（1884—1890）》，第27—30页。（清）周馥：《醇亲王巡阅北洋海防日记》，第397—398页。《航海吟草》称鱼雷六百斤，百丈外放出自行，旧广艇长十余丈。参见（清）奕谖：《航海吟草》，第11页。

4 （清）周馥：《醇亲王巡阅北洋海防日记》，第398—399页。《航海吟草》称试放电气水雷三枚。参见（清）奕谖：《航海吟草》，第11页。

5 其人在德官职为轻炮兵少尉（Sekonde Leutnant der Feldartillerie）。参见白莎《晚清在华的德国军事教官概况》，《北大史学》2008年第13期。

在此试放了四万斤克虏卜钢炮打靶。[1]巳时，前往西澳鱼雷厂视察鱼雷验试收气储气等装置。中午简单食用疏面后，醇亲王与李鸿章、善庆乘坐笋舆（即竹舆），搭小艇回到“海晏”轮。未时，李鸿章发电报给总理各国事务衙门，奏报十六日至十八日行程，于未刻前往威海卫巡阅。[2]随后起碇，宋庆与各将列队跪送。各台大炮和枪队各发三发欢送。宋庆、雷正绾、左宝贵后随醇亲王等至天津看操。[3]

（三）威海卫校阅炮艇打靶、登“定远”舰、演习与校阅

醇亲王十八日未正从旅顺出发，前往威海卫。船行四十余里至庙岛时，看见海市蜃楼，“楼台隐见，林树扶疏，树外若有数僧翘首立迎，逾时始散”。醇亲王命令随员庆宽和金如鉴照绘二十幅。当晚行船三百一十里，于亥时抵达。[4]

十九日卯时，醇亲王在威海卫校阅了“镇东”“镇西”“镇南”“镇北”“镇中”和“镇边”六炮艇打靶。此后，乘“镇东”炮艇前往“定远”铁甲舰，查验机器炮位，并操枪队桅炮；善庆则乘“镇中”炮艇前往“镇远”铁甲舰；恩佑前往“济远”穹甲舰视察。巳时，醇亲王一行乘“海晏”轮，在军舰的护卫下起碇前往烟台。[5]

醇亲王在威海卫校阅“镇东”等六炮艇后，于卯时乘“镇东”炮艇前往“定远”舰，《渤海阅师图》册之《兵船悬彩》即描绘醇亲王前往“定远”舰时，受到了该船全舰饰（Ship full dress）和站檣礼（Manning the yards）的欢迎。全舰饰是海军军舰在停泊状态下，以悬挂军旗和国际信号旗的方式表达对来访贵宾的崇敬。信号旗会由舰艏旗杆根部起悬挂，经过各桅顶，至舰尾旗杆根部止。船艏旗杆和二桅顶都是悬挂三角黄龙旗。站檣礼则是西方帆船时

1　（清）周馥：《醇亲王巡阅北洋海防日记》，第399页；（清）奕譞：《航海吟草》，第11—12页。
2　（清）李鸿章：“寄译署代奏”，光绪十二年四月十八日未刻，《李鸿章全集》第22册，第52页。
3　（清）周馥：《醇亲王巡阅北洋海防日记》，第400—401页；（清）奕譞：《航海吟草》，第12页。
4　（清）周馥：《醇亲王巡阅北洋海防日记》，第399—401页；《航海吟草》称子初抵威海卫，（清）奕譞：《航海吟草》，第12页；《渤海阅师图》册之《阅师纪程》作91海里，合303里。
5　（清）周馥：《醇亲王巡阅北洋海防日记》，第401页；（清）奕譞：《航海吟草》，第12—13页。

代海军传统礼节，为迎接尊贵的访客，全体舰员攀登于桅上，倚身帆桁听候号令，脱帽扬手，高声欢呼三次，现已改攀桅为站坡礼。

（四）至烟台与英法水师会师

十九日午正，醇亲王自威海卫出发，行驶一百四十八里，申正抵达山东烟台。[1]山东巡抚陈士杰、广西巡抚张曜、署登州镇总兵李楹、登莱青道方汝翼、前济东泰武临道李宗岱来船迎见。英国水师提督哈密敦率军舰十艘，法国水师提督理尧年（Adm. Rieunier）率军舰六艘，停泊于烟台山外，鸣二十一响礼炮，并调水兵横列桅上立迎。其后，醇亲王登舵楼眺望。为了免除不必要的应酬，醇亲王下令晚间宿于船上，夜半开轮。申时，理尧年率领官兵四十人至"海晏"轮求见，醇亲王于舵楼上会见，各员由周馥、丁汝昌、罗丰禄和德璀琳等带领。德璀琳担任中法间的翻译。晚间，李鸿章与善庆分别登英国旗舰"大胆"号（H. M. S. Audacious，1869年下水，排水量6131吨）及法国旗舰"蒂雷纳"号（Turenne，1879年下水，排水量6360吨）回拜。[2]

（五）校阅天津炮台、淮军行营制造所、津防军操、天津机器制造总局和天津水师学堂

二十日子正，醇亲王启程返回大沽，英法舰队仍鸣二十一响礼炮欢送。其间途经登州，舰队于酉正抵达大沽口，自烟台至大沽共航行六百四十三里。[3]申刻，李鸿章发电报至总理各国事务衙门代奏十八至二十日巡阅活动，以及二十日之后的巡阅计划。[4]戌刻，发电报通知总理各国事务衙门，与醇亲王一同平顺返抵大沽。[5]

二十一日辰时，醇亲王一路视察大沽南岸炮台打靶，并演放各种水雷、旱

1 《渤海阅师图》册之《阅师纪程》作44海里，合145.2里。

2 （清）周馥：《醇亲王巡阅北洋海防日记》，第402—403页；（清）奕譞：《航海吟草》，第13页。

3 （清）周馥：《醇亲王巡阅北洋海防日记》，第403—404页；（清）奕譞：《航海吟草》，第13—14页。《渤海阅师图》册之《阅师纪程》作191海里，合630.3里。

4 （清）李鸿章："寄译署代奏"，光绪十二年四月二十日申刻，《李鸿章全集》第22册，第52页。

5 （清）李鸿章："寄译署代奏"，光绪十二年四月二十日申刻，《李鸿章全集》第22册，第52页。

雷，阅视水勇泅水，并阅水雷厂、直斜镜房，又骑马看南滩平炮台。午时，前往北岸看刘祺所部打靶，并阅北岸后路史济源所部演训炮兵。值得一提的是，有一士兵在抱取炮弹时操作不慎，被炸身亡，并殃及旁边两名士兵，虽经西医马根济（John Kenneth Mackenzie）紧急救治，但仅救回一名士兵。[1]午时，醇亲王前往刚完成的海神庙拈香，庙中主祀观音大士、天后和海神。[2]后得知南岸营内有军士所建昭忠祠，祭祀在沽阵亡将士，醇亲王命章京载林前往拈香。未时，总兵文芝轩引导醇亲王遍阅船坞和各机器厂，阅毕后返回座船，在船楼上阅看唐仁廉提督所部枪炮合操。随后出发返回紫竹林，航程中与李鸿章闲话。船只夜行二百五十里后停泊，避免夜间登岸危险。[3]

二十二日巳时，醇亲王返回天津。文武官员齐聚紫竹林新关招商局码头立迎请安。午后，阅淮军行营制造局。制造局共有八厂，屋百余间，环绕于海光寺之外，工匠学徒共七百余人。该局每日可造哈乞开斯（Hotchkiss）枪子万粒、呍睹士得（Winchester）枪子五千粒，也有炮车、开花子弹、电线、电箱及军鼓、喇叭等乐器，由高骖麟和龚照玙负责总办局务。他们安排于海光寺外积水处设置九具水雷，分别为48磅装药和8磅装药进行试放。[4]

二十三日辰时，醇亲王出天津南郭门，阅津防各军操。操演自巳初始，酉正结束。湖南提督周盛波统领盛军马队五营、步队炮队十二营，由小站移驻

---

1 马根济，英国伦敦宣道会（London Missionary Society）医疗宣教士。其人1875年抵达汉口，1879年由汉口至天津。在直隶总督李鸿章的协助下，于三岔口大王庙（今南运河北路曾公祠西侧）开办天津第一所西医院，唯其规模不足。光绪六年秋，新的西医院在天津法租界海大道（今大沽北路口腔医院为其遗址）落成，名为“伦敦会施医院”，也叫“天津医病馆”或“天津养病院”，津门俗称为“总督医院”（Viceroy’s Hospital）。1881年12月15日，总督医院内成立医学馆（Viceroy’s Hospital Medical School），培养西医人才。学校教习由马根济和英美驻津的海军外科医生共同担任，学校经费由李鸿章从海防军费中开支，是晚清第一所官办的西医学校，也是“北洋医学堂”的前身。参见基督教史人物传记网站，http://bdcconline.net/zh-hant/stories/ma-genji。

2 （清）周馥：《醇亲王巡阅北洋海防日记》，第404—406页；（清）奕譞：《航海吟草》，第14—15页。

3 （清）周馥：《醇亲王巡阅北洋海防日记》，第404—406页；（清）奕譞：《航海吟草》，第15页。

4 （清）周馥：《醇亲王巡阅北洋海防日记》，第406—407页；（清）奕譞：《航海吟草》，第15—16页。

天津水师学堂管轮学生操作机械

亲王遂命其为图作序记之。席后，由辕门外登船，不返海光寺，座船绕三叉河、北运河，过西沽阅武库。李鸿章送醇亲王至二十五里之北运河桃花口而返。醇亲王赏赐随行官兵，又赏赐照相粤人梁时泰等四百两，“海晏”轮一千两、“保大”轮八百两、小轮船二百四十两等。[1]

二十六日丑时，醇亲王驻杨村，善庆乘轮船赶上座船。二十七日，驻香河红庙。二十八日，驻通州下游十五里牛各庄。二十九日，与善庆及海军衙门各员归还大小船只六十余艘，于通州登岸，驻慈云寺。统计此行河路一千零八十余里，海路一千六百三十余里。五月初一日复命。[2]

1 （清）周馥：《醇亲王巡阅北洋海防日记》，第410—412页；《航海吟草》作35里，（清）奕譞：《航海吟草》，第17页。

2 （清）周馥：《醇亲王巡阅北洋海防日记》，第413页；（清）奕譞：《航海吟草》，第17—18页。

四　《巡阅北洋海防图》和《渤海阅师图》册

醇亲王奉旨巡阅北洋海陆军的活动中，只有海军活动被绘制成图，即分存海峡两岸故宫博物院的《巡阅北洋海防图》和《渤海阅师图》册。这应该是出于醇亲王的特殊政治地位和纪念海军的初次建立之考虑。时值中法战争结束，清宫便依循传统，由醇亲王出任总监，着手组织绘制平定太平天国、平定捻军、平定西南西北回民起义等大型战图的绘画工程。可能是出于这个原因，醇亲王特意安排了绘制本次巡阅北洋海防的军事图绘，有意重新建立战图和校阅图的军事艺术传统，两者的关系密不可分。

醇亲王亲自安排了战图的内容。光绪十一年十月初五日，在筹备战图资料期间，军机处选出各个战役和大臣官员衔名，呈醇亲王阅览。他认为缺漏不少，建议分为“发逆”“捻逆”“回逆”（包括云南和伊犁）、“法越”四案，他又指示：

> 按类检查，择可绘者另行登记。某案列保之员，即绘入某案之图，照旧式书其名于旁。就中择勋高望重将帅列单备览，另绘大像。至各案内效命尽节各员，似宜另列一单（国史馆有传可考），以清体裁。类如文正文忠者，似宜再列一单请旨。似此查一案绘一次，每次装为一册，前绘战状，后录谕旨，较为合宜。祈公酌之。再，战状自宜令当时将帅今尚存者绘具底本，照画方好。然多有无可查阅者，只得付之想象矣。又如大像，亦须以本人小相或照相为准。然多有无可索取者，只可留其名而已。[1]

这些事后绘制人像的工作，成为绘制功臣图的主要困难点。十一月二十六日，醇亲王续就筹备绘制战图致函军机处，要求分为四案，详查人像，各分派达拉密四人和章京二人分案详查。分案呈览后，即交下绘图。[2]这些必须考据参

1 中国第一历史档案馆编：《清醇亲王奕譞信函选》，《历史档案》1982年第4期。
2 中国第一历史档案馆编：《清醇亲王奕譞信函选》，《历史档案》1982年第4期。

与战役人物的工作，使得奕譞注意到照相的重要性。同年，他也由广东画师林启联绘制行装小照。[1]这些绘制战图时遇到的困难，也许影响了他为参与巡阅北洋军事校阅者留下照片的决定。

在太平天国的部分，军机处选取了20场战役作为战图的绘画题材，上报慈禧太后。光绪十二年三月核准后，交由神机营作画，命庆宽主掌战图的绘制工作。奕譞随后将15个题材交给李鸿章负责，李鸿章则将其中13个题材交给曾国荃，请其协助。曾国荃特别在金陵省城设局招揽画家作画，吴友如、周慕乔等画家在列，共绘制了功臣像48幅，战图14幅。[2]18幅平定捻军战图则于同年九月完成。[3]

为醇亲王组织军事图绘工作的是庆宽。清末民初汪雩在《跋庆宽仿戴熙山水卷》中，对他的生平有较为详细的记载。据其所称，他作为曾国荃的幕客时，就得知庆宽此人。庆宽，一名筱珊，字云阁，别号松月居士，晚号尘外野叟，又号信叟。旗籍，正黄旗汉军赵佳氏。由内务府员外郎郎中晋三院卿，简任江西盐法道，以提法使记名署江西按察使。师承袁瑞寿、王承枫和戴熙等大家。光绪十年时，他应醇亲王之命，前往天津水师学堂察学。光绪十一年，紫光阁修复，朝廷命令征集平定太平天国、捻军、回民起义三案战绩和功臣像，在北京设立功臣画馆，醇亲王特派庆宽总其事，六年内完成此案，共有百余轴。后来他又随醇亲王巡阅北洋水路各军，担任绘画的工作，《巡阅北洋海防图》和《渤海阅师图》册中的“庙岛蜃事”两图被汪雩提及。十四年，参与修建颐和园工程，担任描绘宫殿楼台亭榭以及点缀各景图样的工作。十五年，奉旨绘制《光绪大婚图》。十九年，又为次年六旬圣寿的慈禧太后绘制《庆典点景全图》。其绘《真武源流全册》计40页，并绘《崇陵山势全图》，受特旨嘉奖。醇亲王世子涛贝勒在欧洲试乘飞艇飞球时，也曾请其绘图。[4]他可谓是清末

---

1 （清）奕譞：《九思堂诗稿续编》卷八，第35页。

2 李泰翰：《太平天国战图的绘制：以〈攻克江浦、浦口二城力破九洑洲诸隘〉图为例》，《故宫文物月刊》第289期。

3 关于平定西南“回变”12幅、平定西北“回变”17幅的资料准备则未见相关记载。张弘星：《流散在海内外的两组晚清宫廷战图考略》，《故宫博物院院刊》2001年第2期。

4 张弘星：《流散在海内外的两组晚清宫廷战图考略》，《故宫博物院院刊》2001年第2期。

《李鸿章克复苏州战图》

最重要的官方画师之一。

以下就《巡阅北洋海防图》和《渤海阅师图》册绘制内容进行介绍分析。

（一）《巡阅北洋海防图》

《巡阅北洋海防图》，清人绘，绢本彩绘，横幅挂轴，横316厘米，纵251厘米，藏于台北故宫博物院。描绘的是醇亲王、李鸿章和善庆三人搭乘“海晏”轮航行于渤海，巡阅海军的画作。描绘方式虽有西方画风，但以传统书画颜料绘制而成。[1]

1.“海晏”轮

画面的主题是航行于渤海的“海晏”轮。“海晏”轮原为称霸长江航运之美商旗昌轮船公司（Shanghai Steam Navigation Co.）海轮，原名“盛京”。1874年3月18日完工，行驶上海福州航线，为明轮船。1877年，招商局购并旗昌，该公司所属九艘海轮纳入招商局船队，“盛京”因而改名“海晏”。[2]1882年入厂

1 高宜君：《巡阅北洋海防图修护纪实》，《故宫文物月刊》第365期。

2 中国航海学会编：《中国航海史（近代航海史）》，第145页，人民交通出版社，1989年。

《巡阅北洋海防图》

改为暗轮，载重2800吨，航速12节，载客281人。

巡阅北洋时的“海晏”轮有照片存世，拍摄于该船停泊内河静水区域时。其旗饰与《巡阅北洋海防图》无二。经对照，可知图中除人物、背景船只和涌浪外，图上“海晏”轮完全临摹自该照片。

“海晏”轮设计时原为蒸汽机驱动之明轮船，后改为船尾水下螺旋桨推进。虽然如此，它仍保留了桅杆和船帆，以备航行之需。主桅上挂有镶红边白底之帅字旗，尾桅上和船尾皆悬挂有三角黄龙旗。按，同治五年后，总理各国事务衙门为雇船捕盗，初订旗式，斜幅黄色，中画飞龙，黄羽纱制造，成为海军旗。光绪十四年后，重订国旗为长方形，仍为黄色，中画青龙，因原画龙无

“海晏”轮

法耐久，改用以蓝羽纱镶嵌五爪飞龙，龙头向上。[1]

2. 人物众生相

图中醇亲王奕譞中立、直隶总督兼北洋通商大臣李鸿章立于右方，正红旗汉军都统善庆立于左方。三人皆着黄马褂，站立于“天桥”（即罗经舰桥）之上。站立处上有顶棚遮阳，前有罗经，周围有护栏。经对比可知，人物头像均摹绘自三人合影，善庆的脸部稍微转向右方，以保持画面的和谐感。“海晏”轮上可见多位洋人，其中船艏有三位洋人厮役，一位在船艏整理杂物，一位抛下系绳水桶取水，一位则持拖把清洁甲板。操作舵轮者两人，头戴高帽，着西服，分别立于天桥和船尾。船中另有一位蓄须、正在抽烟的洋人，他头戴高帽，着西服，右手持手杖，左手插入西装口袋，似为巡察甲板之高级船员。船

1　（清）张之洞：《札善后局照绘国旗图式》，《清末海军史料》，第505—506页，海洋出版社，1982年。

故称穹甲。”[1]该舰由阿模士庄（又译阿姆斯特朗，即Armstrong）厂承造，排水量2393吨，长72米，航速18节。可载煤510吨，人员260名。搭载3门210厘米克虏伯35倍径后膛钢炮，和2门150厘米阿姆斯特朗速射炮，8门57厘米哈乞开斯速射炮，6门37厘米哈乞开斯速射炮，6门格林10管连珠炮和4具鱼雷发射管，武装甚为齐备。《北洋海军章程》载“致远”马力高达7500匹[2]，较“定远”和“镇远”铁甲舰多1500匹，因此亦较北洋各舰快速，可达18节（约时速33公里）。但“定远”钢面装甲远较“致远”穹甲厚实。

“致远”舰和同一级的“靖远”舰在英国完工后，拖带雅乐厂所承造的鱼雷艇，于七月初六日，在朴次茅斯（Portsmouth）海口与德国承造的“经远”“来远”两舰汇合，由英籍洋员琅威理（William Metcalfe Lang）和邓世昌、林永升等率领返回中国，至1888年抵达。[3]

“致远”和“靖远”两舰的差别，是尾桅斜桁的高度，“致远”舰斜桁较低，可知《巡阅北洋海防图》所绘者是“致远”舰。但“致远”舰的存在，却成为此图中的争议点。因为根据英国报纸的报道，该舰是在光绪十二年九月初二出船坞。[4]在英国的余思诒则指出“致远”和“靖远”两舰是光绪十三年四月告成。[5]因此，光绪十二年四月醇亲王巡阅北洋海防时，“致远”舰尚未下水，绝不可能在受阅舰艇之列。同时，《巡阅北洋海防图》中所绘“致远”舰与现存该舰在英国完工后测试航行的照片极为神似，因为该舰原在船艏和船尾设计有47厘米哈乞开斯速射炮，但中国官员因考虑妨碍主炮射击，因此在来华前被取消了。[6]但画中仍绘有此一速射炮，对照此舰在英国海试的照片可知，《巡阅北洋海防图》系摹自“致远”舰在英国海试时的照片。由此可知，《巡阅北洋海防图》的绘制完成时间不可能早于1887年“致远”舰完工之前，也不可能晚于1891年醇亲王去

1 （清）余思诒：《航海琐记》，第271页，中华全国图书馆文献缩微复制中心，2000年。

2 余思诒所记略有不同，称闭火门五千五百匹马力，开火门三千三百匹马力。参见（清）余思诒：《航海琐记》，第271页。

3 （清）薛福成：《薛福成日记》，光绪十三年七月二十二日，吉林人民出版社，2004年。

4 （清）薛福成：《薛福成日记》，光绪十二年十月二十九日。

5 （清）余思诒：《航海琐记》，第271页。

6 陈悦编：《北洋海军舰船志》，第131页，山东画报出版社，2009年。

世后。所以，《巡阅北洋海防图》和许多军事战争主题的历史画作一样，是依据事后追忆所绘成。这些作品往往是为了记录历史而绘制，但绘者如未曾亲历，或是不具有历史考证之精神，在以画作保留史实时，往往适得其反。

5. 航海放歌

《巡阅北洋海防图》画中题有醇亲王诗作《放歌》[1]一首：

我曾游徐无，绝顶峰上头，

登峰更宿峰之楼，下视众山皆培塿，疑是银涛千里翻清秋。

今复跻天桥，轮船凡五层，最高者称天桥。危坐入东海，飘飘心迹真仙宰，

沧波万叠涌艨艟，南北洋八战舰分两翼，余偕李、善两公乘商船居中，随员乘商船随之，六炮船殿后，轮机互激，浪翻十里外。

又疑云烟出没笼嵗嵬。

西送月无痕，东瞻日初浴。

除却升沉赤白丸，惟有滉瀁一色连天绿。海水作深碧色，汲而视之仍与常水色同。

仰寥泬，俯幽宫。神不可召，用《吕氏春秋》语义。蠡不可穷。

但学谢安石，悠然云海中。

不学郭璞狂，浪说蹄涔同。

我心先为坡仙得，走笔大书示二客。时李相、善都统同坐。

兹游奇绝冠平生，苏句。一言能抵千行墨。

涯涘渺不见，仙药安可期？

放怀且迈洪流外，看作桑田未变时。

光绪丙戌首夏巡阅北洋海防，绘《渤澥乘风图》并录《放歌》一首以志雪鸿云。

此诗除了描写巡阅途中航海所见的自然景象，更呈现出作者欲以东晋政治

1 徐世昌编：《晚晴簃诗汇》作《航海放歌》。

家谢安为师的期望。醇亲王在此巧妙地呈现了自己的心境，他在意的不是功名利禄，毕竟他不但位极人臣，也是皇帝的本生父亲。他不仅向往谢安“矫情镇物”的心理素质，他“兼将相于中外，系存亡于社稷，负扆资之以端拱，凿井赖之以晏安”[1]的评价更是醇亲王心之所向。谢安死后，葬礼形同天子，后来醇亲王死后，也获得天子等级的葬礼。而郭璞善易道术数，不学郭璞，意在表明自己并非虚无神秘之徒。在诗前有“颐寿堂印”，颐寿堂位于醇亲王所有的适园中；诗后有阴刻“会观熔日”，阳刻“大阅会师”印各一。

（二）《渤海阅师图》册

《渤海阅师图》册，清人绘，绢本设色，每幅纵40.5厘米、横57.6厘米，藏于故宫博物院。计有《阅师纪程》《海军布陈》《旅顺水操》《庙岛蜃市》《威海水道》《威海船操》《兵船悬彩》《芝罘形势》《烟台大会》《登州振旅》十幅，描绘了醇亲王巡阅北洋海防各阶段的重要事件。[2]

从前述分析中可知，庆宽具体负责的是《渤海阅师图》册中的《庙岛蜃市》，其他的绘画可能是在他的指挥下分工完成。他在《渤海阅师图》册中以西方地图学技法，呈现海军校阅的重要时刻。其中《阅师纪程》《威海水道》和《芝罘形势》三幅以简化航海图的方式呈现，可能是从航海图中简化信息重绘而来。[3]而《海军布陈》《旅顺水操》《威海船操》《烟台大会》和《登州振旅》则都是鸟瞰图。姜鸣先生曾指出，丁汝昌曾在校阅前呈送绘制装裱的《旅顺布防图》和《鱼雷阵图》，可能是画家构图参考的来源之一。[4]以下试分析各图绘制的内容，《渤海阅师图》册每开画面请参阅本书丙部分所附插图。

---

1 （唐）房玄龄等：《晋书·谢安传》，第2072—2077页，中华书局，1975年。

2 《渤海阅师图》册收在朱诚如主编《清史图典：光绪宣统朝（上）》，第19—24页，紫禁城出版社，2002年。此书认为《渤海阅师图》册系描绘光绪二十年海军大阅。惟比对《巡阅日记》内容可知，《渤海阅师图》册之《海军布陈》中所见各舰，与《巡阅日记》载光绪十二年四月十五日丑时出大沽口时各舰相符，可知所描绘内容应系光绪十二年，而非二十年之海军大阅。

3 姜鸣先生也曾推测，图册中的部分海图显非宫廷画家手笔，应该是海军绘图员和宫廷绘师共同完成的。参见姜鸣：《洪涛纵目望无涯：醇亲王巡阅北洋海军的历史回顾：影像·绘画·诗歌·日记》。

4 姜鸣：《洪涛纵目望无涯：醇亲王巡阅北洋海军的历史回顾：影像·绘画·诗歌·日记》。

1.《阅师纪程》

《阅师纪程》是《渤海阅师图》册的第一幅舆图，应摹自航海图。本图绘有罗盘方位图、经纬线，海岸有渐层设色，陆地标示了省名，描绘山脉，并绘有河流。水域边缘则有蓝色设色，并标示沙线水深。还绘有舰队行进时的四段航路和航路上的水深，并以贴黄方式标示里程数，这是舆图形式第一次被纳入校阅图。

2.《海军布陈》

十五日丑时，醇亲王在海军舰队的翼护下，从大沽口前往旅顺。“海晏”轮驶出大沽口，醇亲王登上轮船天桥，北洋水师之“定远”“镇远”“济远”“超勇”“扬威”五舰，和南洋水师合操之“南琛”“南瑞”“开济”三舰护行。本图绘有航行阵式，舰队中心是王大臣座船“海晏”轮和随员座船“保大”轮；左翼以“定远”铁舰为首，随后为“开济”“扬威”“南琛”三舰；右翼则以“镇远”铁舰为首，随后为“南瑞”“济远”“超勇”等舰；船队后方，由左至右分别为“镇东”“镇西”“镇南”“镇北”“镇边”“镇中”六艘蚊船（炮艇）。从图面左侧的陆地可知，此图是舰队远离天津时的阵式。各船船旗飘扬，加足马力，煤烟劲扬。

3.《旅顺水操》

《旅顺水操》描绘十七日巳时醇亲王检阅旅顺黄金山炮台和军舰操演的概况。图中上方由左至右，依序分别绘出旅顺口西侧的馒头山、蛮子营、威远各炮台，老虎尾炮台略隐在山后，旅顺口后方的白玉山，东侧的黄金山、牧猪礁、崂嵂嘴（均为双炮台）等炮台。[1]画面中绕圈舰艇为鱼雷营鱼雷五舰，鱼雷舰以空雷射靶，并以装棉药之鱼雷射击旧广艇，被击中的广艇冒出白烟。画面中下则为在黄金山南方深水海域鱼贯前进操演的南北洋八舰。

4.《庙岛蜃市》

醇亲王十八日未正从旅顺出发，前往威海卫。船行四十余里至庙岛时，看见海市蜃楼，“楼台隐见，林树扶疏，树外若有数僧翘首立迎”。醇亲王命

---

1 旅顺炮台位置参照[日]江森泰吉：《旅顺攻略海军陆战重炮队：江森泰吉从军记》之《附图：海军炮台位置图》，日本国立国会图书馆藏本，1906年。

庆宽和金如鉴照绘二十幅，《庙岛蜃市》即为此图。由画面右上起始，每列七图，共记录舰队行经庙岛群岛时所见的海市蜃楼二十次。

5.《威海水道》

《威海水道》是《渤海阅师图》册的第二幅舆图，也是摹自航海图，是醇亲王于十八日亥时抵达之地。地图中右上绘有罗经和罗经差，并增加了标示比例尺，以文字描述经纬线范围。因为涉及地域较为缩小，只绘有中央一条经线。图中以较大字的楷书标明水道的西进口和东进口，也在图中描绘了黑岛、青岛、望台岛、刘公岛、日岛等岛名，尖角、白沙角、屯营角、三尖角等岬角名，以及沿岸街市、威海卫城、鱼雷厂码头、金线顶、谢家所、山村设施和聚落等。同时，为海域标示出沙线和水深。值得注意的是，航海图一般会用等深线和等高线标示水深及周边地形高度，此图仅留下“线”，却没有任何具体的“数”，显然此图是从航海图简化而来。

6.《威海船操》

《渤海阅师图》册之《威海船操》绘十九日卯时醇亲王在威海卫校阅六炮艇打靶的情景。此一演习在刘公岛后方水域进行。右侧凸出的地峡是鱼雷厂码头所在，左侧则是日岛。庆宽等画家运用了描景的技法，由外向内呈现了刘公岛和威海卫海湾的形势。右侧海面上，停有南北洋“定远”“南琛”“南瑞”“开济”“镇远”“超勇”“扬威”“康济”八舰。“康济”是新加入的战船，仍以铁舰为首，分为两列。刘公岛后有三船，其中头桅挂有帅旗者即为“海晏”轮，另两艘应为“保大”轮和“济远”舰。画面左侧则是准备打靶的“镇东”“镇西”“镇南”“镇北”“镇边”“镇中”六艘炮艇。

7.《兵船悬彩》

醇亲王十九日在威海卫校阅“镇东”等六炮艇后，于卯时乘“镇东”炮艇前往“定远”舰。此图描绘醇亲王前往“定远”舰时，受到了该舰全舰饰和站樯礼的欢迎。图中“定远”舰的船艏悬挂大清国旗三角黄龙旗、头桅顶悬挂的是将旗。按《北洋海军章程》载：“将旗：提督用五色长方旗，诸将用三色长方旗，旗之上角，各饰以锚形。”又“通语旗：通语旗各国有通行式，有密语式，体色不拘，听提督随时酌定。”[1]全舰饰用的就是通语旗。尾桅则是悬挂大清国旗和长旒旗（Captain’s Pennant）。全舰饰和站檣礼时，按理军舰是处于停泊状态，然图中烟囱喷出的煤烟却径向后方飞散，且波浪不合比例，画师应是出于营造乘风破浪的想象而构图，并非写实之作。此外，此图还缺绘了甲板上的通风筒。图中海浪的立体表现方式，也是来自西方的技法。

值得注意的是，这幅《兵船悬彩》与现存“定远”“镇远”照片和图绘的影像有不少差异，而与当时德国出版的《迈耶百科词典》（*Meyers Konversationslexikon*）第四版第十四卷中，船舶条目的插图“中国铁甲舰‘定远’”（Chinesisches Panzerschiff.“Ting-Yuen”）较为类似。[2]这张插图是以工程图的形式呈现，以侧视和侧视剖面图呈现出船体结构。除小艇与桅上旗帆绳等细小差异外，以计算机等比例缩放镜像后，可发现船身、水线、炮台几乎可完全套叠，这代表两图的舰身长度与船桅高度比例非常精准，几乎一致。这有两种可能，其一是两图都是按照自同一线图为底本，只是按照不同需求在细节上绘制有所出入。第二就是兵船悬彩的作者是利用《迈耶百科词典》的图像作为底图进行改绘的。

《迈耶百科词典》图中，“定远”舰桅上挂有帆，且船艏有小艇，烟囱后有鱼雷艇，船尾也有三艘小艇。而在《兵船悬彩》中，舰桅上无帆，船艏无小艇，烟囱后非鱼雷艇，而是三艘小艇，船尾只有一艘小艇。按，“定远”“镇远”舰原各自搭载两艘蒸汽锅炉推进的鱼雷艇。导致图上变化的原因在于“定远”舰来华后，舰载鱼雷艇统交旅顺鱼雷营指挥，因而搭载了其他小艇。[3]

较之于明治二十三年十二月，由日本海军参谋部第三课编绘的《清国军舰帖》中绘制有《清国军舰“定远”号》和《“定远”及“镇远”号》两图，前者为素描图，后者为工程图，两图仍然采用的是德国最初背负鱼雷艇的设计，显然是依据该舰原始设计的工程图描绘的。而从日本宫内厅保存的“镇远”舰

1 （清）奕谖、李鸿章等：《北洋海军章程》，《清末海军史料》，第504页。

2 Autorenkollektiv, *Meyers Konversationslexikon* (Leipzig und Wien:Verlag des Bibliographischen Instituts，1885—1892, Vierte Auflage), 14. Band, p. 0454d.

3 陈悦：《北洋海军舰船志》，第72页。

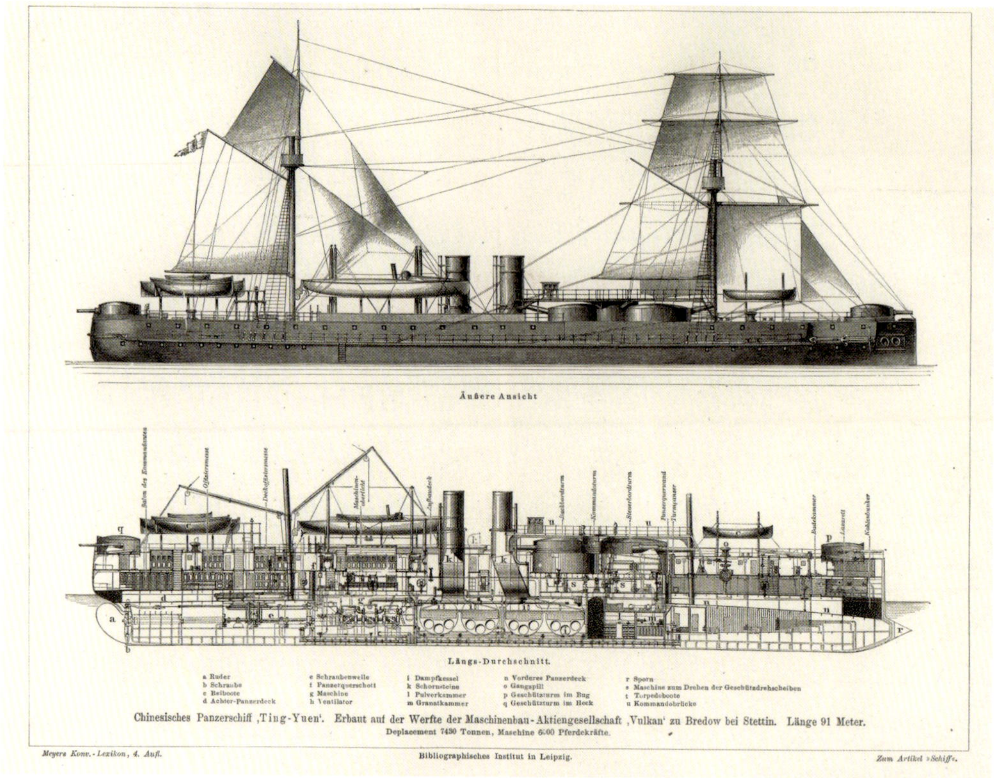

《迈耶百科词典》中国铁甲舰“定远”配图

照片，也可看出是背负鱼雷艇的原始设计。不过，《兵船悬彩》保留了铁甲舰来华后因应使用的变更，又经过彩绘保留了战舰的漆涂色彩，是十分难得的珍贵史料。

8.《芝罘形势》

醇亲王于十九日申正抵达山东烟台。《渤海阅师图》册之《芝罘形势》是第三幅舆图，形式与《威海水道》类似，亦是摹自航海图，描绘了芝罘的山形和水深。画面西起烟台西北侧的陆连岛芝罘岛，还表现了烟台、龙门港、养马岛以及海中的崆峒岛等。

9.《烟台大会》

《渤海阅师图》册之《烟台大会》描绘醇亲王率舰抵达烟台的情形。画面上方的岛屿即芝罘岛，左下方是烟台，港内船只众多，聚落房屋甚多，稍东烟

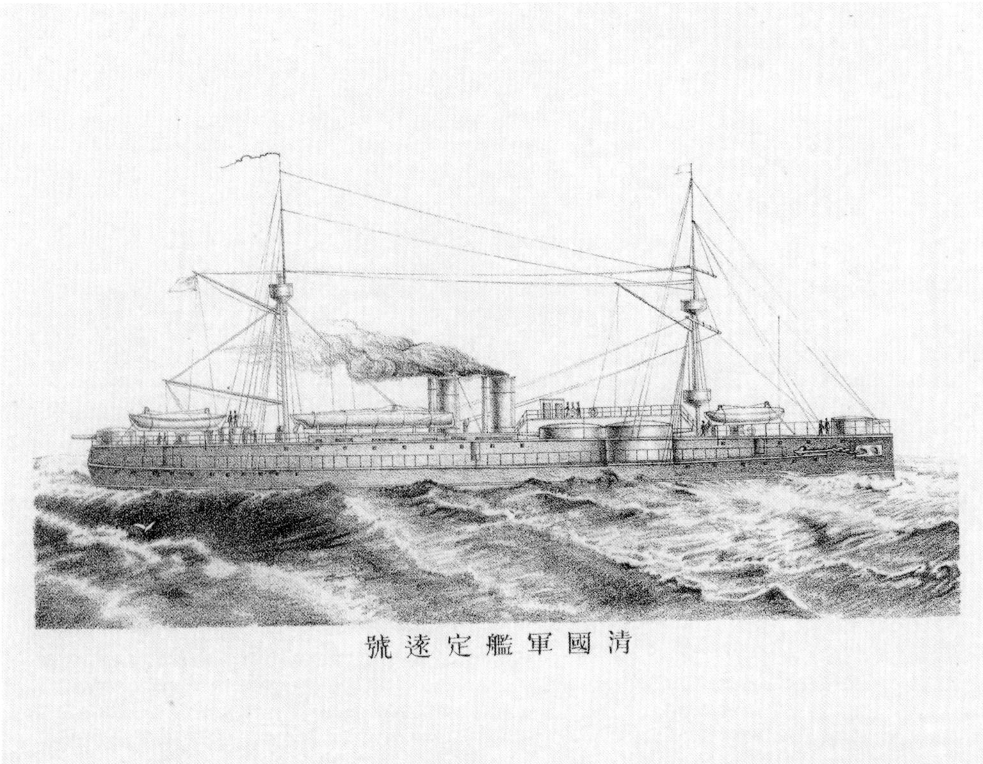

《清国军舰帖》清国军舰“定远”号

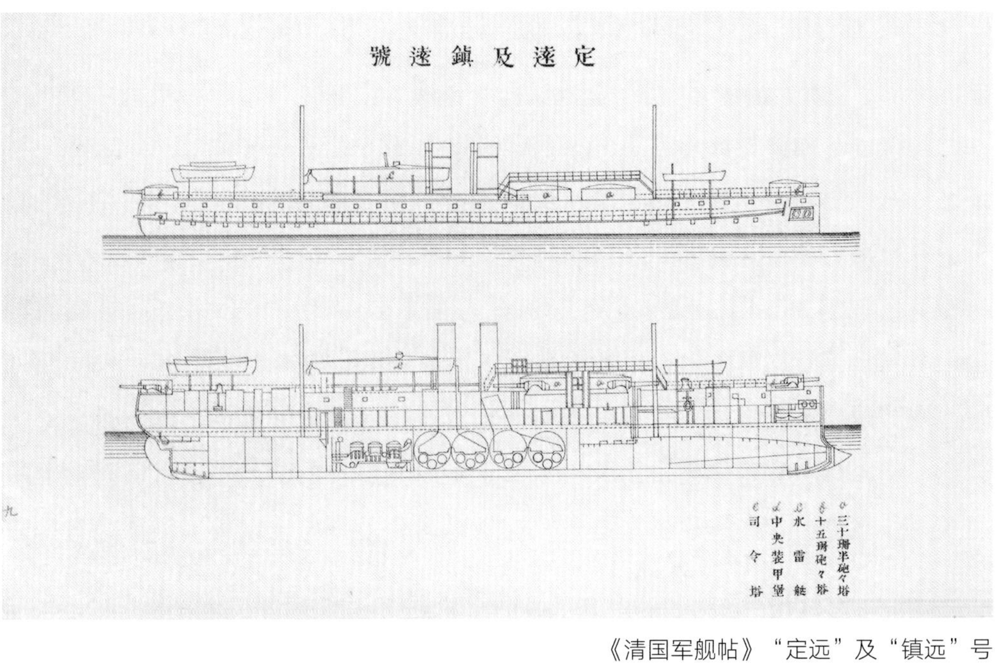

《清国军舰帖》“定远”及“镇远”号

“镇远”舰

台山上则有洋楼。海域上方为英法舰队，英国水师提督哈密敦率军舰十艘位于西侧，法国水师提督理尧年率军舰五艘[1]位于东侧。下方为中国舰队十七艘，醇亲王“海晏”轮被六艘“镇”字蚊船所围护，随员搭乘的“保大”轮则尾随。右下方为南北洋舰队共九艘。

早在咸丰九年四月间，即有广东商人在烟台买地盖造公所，后被官方阻止。至五六月间，烟台出现了外国商船十二只停泊。[2]英法联军之役后，英法两国迫使清政府签订条约，开登州为通商口岸。但经英人勘查后，觉得烟台更为合适，遂以烟台取代登州，于咸丰十一年七月开埠。同治元年二月，登莱青道由莱州移驻烟台，管理税务。这一时期，烟台山上开始出现外国领事馆等西方

1 周馥作“带六兵舰”，参见（清）周馥：《醇亲王巡阅北洋海防日记》，第402页。
2 《清文宗显皇帝实录》咸丰九年七月乙亥。

建筑，烟台山和东海滨也成为外国人聚居的区域。图左下方描绘出沿海区域的众多船只和烟台山上洋楼林立的情形。

10.《登州振旅》

二十日子正，醇亲王启程返回大沽，英法舰队仍鸣二十一响礼炮欢送。其间途经登州，《渤海阅师图》册绘有《登州振旅》，描绘各船成一字鱼贯航行，离开威海卫的情形。而首舰挂有帅字旗，即是醇亲王的座船“海晏”轮，次舰悬挂大官旗，应是“保大”轮，其后则是海军舰队，一行于酉正抵达大沽口。

五　结论

醇亲王巡阅北洋海防的背景，无非是清廷在中法战争之后推动“甲申易枢”，意图在国际上建立一个中国海防实力比肩欧洲强权的形象，以吓阻各国势力的海上挑战。然而，建立国防需要大量的经费挹注。因长年平定内部动乱所形成的湘军集团地方督抚势力仍拥有为数不少的军队，成为了隐形的障碍。朝廷以筹议海防为名，在重新统筹国家军事资源时，醇亲王选择与淮系李鸿章合作，通过海军人才培养、外购军火、营建炮台、德国军舰和德国军事顾问抵华，将海防资源先集中调度防御北洋，并强调海防力量应统归中央指挥的新格局。出于安抚的目的，也不得不强调湘军集团的卓越功勋，以绘制战图来认可他们不朽的军功，以免造成其兽尽弓藏的危机感。醇亲王巡阅北洋，无疑宣扬了建立海军是最优先的国策。

与声势浩大的海军校阅不相称的是醇亲王的低调。光绪十一年九月初五日，在被委任总理海军衙门后，醇亲王回忆在官场生涯中，最重要的任命有三次，一是同治四年节制旗绿各营京兵，二是同治八年受命节制剿办捻军诸军，三是光绪十一年执掌海军衙门。[1]因此，他对这项任命兢兢业业。近年的学术研究指出，醇亲王作为皇帝的“本生父”，他严守亲藩体制，小心自处于皇帝和太后之间，辞世袭罔替封号，积极配合慈禧太后化解礼法矛盾，极力排除尊

1 （清）奕譞：《九思堂诗稿续编》卷八，第427—428页。

京西醇亲王园寝阳宅被其名为“退潜别墅”，可见奕譞生前行事的低调，图为“退潜别墅”旧影

崇“本生”的可能。[1]尤其是从“甲申易枢”以来，囿于“向无诸王在军机处行走”的圣训，醇亲王以“商办”之名参与军机处，又总理海军衙门，在政治上形同摄政王般的存在，但却对此低调从事。除了在巡阅期间要求海军衙门部属不得要求地方供应，自己乘坐的轿子也从赏赐的杏黄轿改为绿帷黄绊四人肩舆，较亲王和总督乘用的八抬大轿规制更低。事实上，为了展现对于武官应骑马的重视，他阅视旅顺途中也骑宋庆所提供的菊花青马。他在世期间的低调从事，使得其身后能以“皇帝本生考”治丧，远超清代一般亲藩诸王。然而，富贵人家也有寻常人等的忧伤和烦恼，丧明之痛或使他心境难以舒朗。裁汰旧军，专力于北洋的经营，也使得他必须面对功臣集团对他的政治压力，与先前

1 徐笑运：《“子君父臣”现象中的礼制问题研究：以醇亲王奕譞为例》，《中国国家博物馆馆刊》2020年第3期。

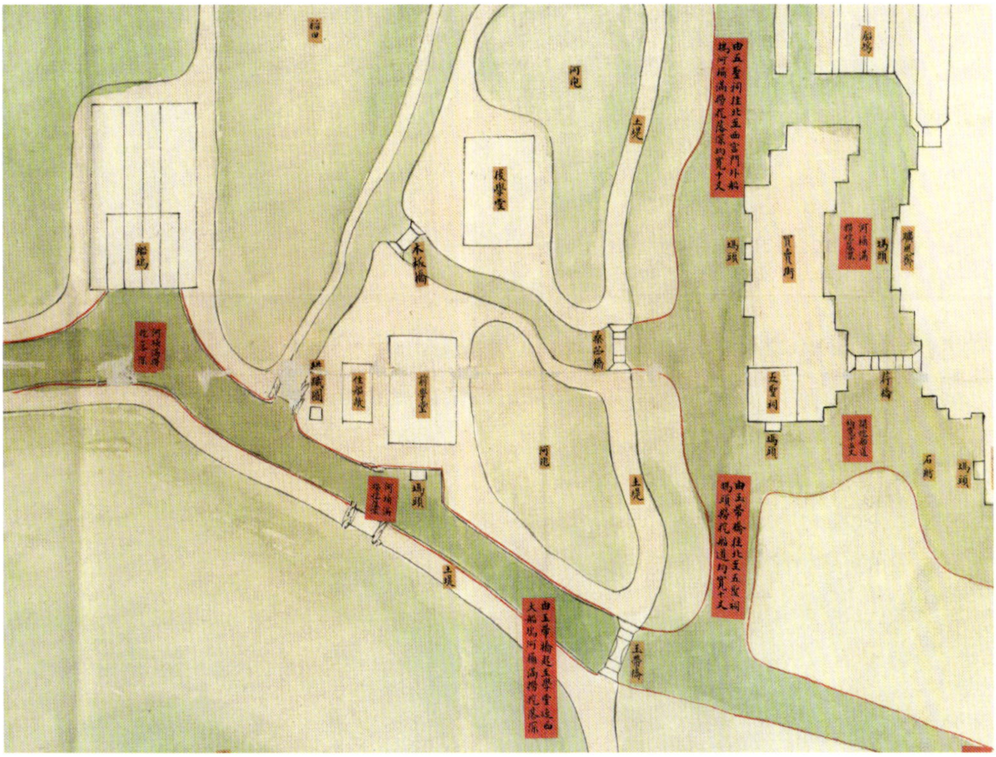

昆明湖水师学堂在颐和园开办后，在同时期的样式房画样中可见前学堂、后学堂、住船厂字样，图为《万寿山前昆明湖内开挖船道地盘画样》（局部）

政治核心的友好，也是出于他极力营求和谐的用心。

另一个不相称的是海军衙门幕僚们的水平，他们绝大多数是旗员，对航海毫无所知。善庆是骑兵军官出身，恩佑冒进的请求多造低价尖底舢板船来应对铁甲船，得到慈禧太后的关注，所幸在李鸿章的反对下，才使得此议未被采用。醇亲王巡阅北洋海防，由内河乘坐“长龙”船启始，更换小轮船，再改乘大轮船去外海，检阅铁甲战舰和操演，也是让海军衙门的幕僚们打开眼界，虚心体验和学习海军事务。1887年，就在颐和园设立了昆明湖水师学堂，开始正式培养核心的海军人才。只是这些努力仍然不够，他们未能够抓住这一历史机遇。

醇亲王的画作都是由神机营画师庆宽所绘，现存台北故宫博物院的《巡阅北洋海防图》和故宫博物院的《渤海阅师图》册都出自其手。从清代军事图绘的传统来看，《巡阅北洋海防图》是极为特殊的画作，其画幅巨大，显示出醇亲王的特殊政治地位。但与其他校阅主题的宫廷画作相比，它并未太过突出醇亲王的主阅者地位。同时，在“海晏”轮船上的人员，也没有呈现出太过森严威武的气势。画上的《放歌》更是着重于写景与心境的描绘，与海上校阅毫无关系。船上的轿子则呈现出醇亲王特意回避特典，显示出他不忮不求的态度。画面中三人着黄马褂同立船桥，形塑醇亲王统合满洲精英和汉人督抚，齐力巩固大清海防的政治气氛。同时，庆宽利用醇亲王等三人合影、“海晏”轮和“致远”舰的照片，为画面提供了更为写实的依据，这应是来自先前总监战图时的经验，唯当时只是用于描绘人物。只是“致远”舰的添足硬伤太过，成为了此图的败笔。

《渤海阅师图》册较之先前的宫廷校阅图，有几项明显的特点。第一，传统军礼和主要人物已不再是主题，操演的纪实成为了主轴。这与《巡阅北洋海防图》类似，尽管在绘制《巡阅北洋海防图》时已经放大了人物头部的比例，还绘制了船上的华洋官员杂役。《渤海阅师图》册中操演和交谊的过程多以俯视图呈现，一方面体现了海洋空间的特殊性，也呈现了海军在国防新领域里的操演军容。第二，三幅航海舆图是《渤海阅师图》册的重要内容。《阅师纪程》《威海水道》和《芝罘形势》三幅属于航海图（Nautical Charts），广泛运用了当时绘制海图的技法，反映出北洋大臣李鸿章所部对于海洋测绘科技的掌握和对海洋环境特殊性的认识。第三，在传统的校阅图中，因应对于海军舰船的描绘需要，而采用了工程图作为绘制的底图。第四，醇亲王事先安排了梁时泰和来兴克两位摄影师照相。又于十七日下令文武官员，每人各照一相。同日申刻，李鸿章收到总理各国事务衙门转来慈禧太后懿旨，命令醇亲王阅看旅顺、烟台、天津水路操防及三处地形、炮台、船只式样，均用洋法照图进呈。不但为这场军事盛会保留了原始记录，同时也对庆宽绘图工作产生了影响。

近代史上照相术的诞生，使摄影图像成为一种高保真度的新史料来源，但也容易产生一种史料判读时的误区，即相片本身或透过相片描摹的图像史料保真度较高，因此不容易有错误解读。事实上，这些材料有时并非摄自事件发生的当下，甚至可能基于艺术性或政治性的需求加以改动，衍生出错误的历史图像。在《巡阅北洋海防图》中，船桥上的醇亲王等人其实源自洋楼前的合影照片；画面中看似航行海上的“海晏”轮，其实取材于驻泊静水区域的照片，甚至没有参加的“致远”舰也作为配角被绘入。《渤海阅师图》册的“定远”舰也是临摹修改自德国百科全书中的插图。这些从摄影作品取材纪实的努力，反而形成了读图时不得不特别明辨的细节，形成艺术史上求真失真而弄巧成拙的特殊案例。

《巡阅北洋海防图》和《渤海阅师图》册高度渗透了西方摄影术和地图绘制学的技法，由此也可以看出当时隶属北洋的海图测绘人员是如何与庆宽等画师通力合作，而完成这两部与近代中国海军关系密切的艺术作品，创造了清代军事校阅图绘的新高峰。然而，在巡阅北洋海防之后，不再绘制校阅图，而多以摄影方式记录，故这两个作品可以说是传统宫廷军事绘画的终结之作，是空前绝后的作品。

在醇亲王巡阅北洋海防之后，又举行了三次海军校阅。光绪十四年，为了测试购自英德两国的四艘穹甲巡洋舰，李鸿章巡阅北洋。十七年四月十六日，时醇亲王已经去世，由庆亲王奕劻掌部务，朝廷命李鸿章与山东巡抚兼海衙帮办大臣张曜前往巡阅。北洋舰队由丁汝昌等率领十二艘及“广甲”等三艘鱼雷艇。南洋水师由郭宝昌率领“南琛”“南瑞”等六舰前来，校阅范围和内容更为扩大，时程长达十八日，李鸿章至五月初三日才返回天津。二十年四月，李鸿章和钦差大臣督办东三省练兵事宜定安校阅北洋海军。他们于四月初三日出发，初六日出海。校阅内容与先前相当，共历时三周。随后北洋海军丧师黄海，清廷再也无力举行大规模的海军校阅，而醇亲王的诗句、周馥编写的日记、庆宽的绘画和梁时泰与来兴克的照片，见证了中国海军初创时的赫赫军容。

本文感谢姜鸣先生、王志伟先生、汪前进教授、黄宇旸博士和吴彦儒博士在写作中提供的帮助。

丙　醇亲王巡阅北洋海防历史图像：绘画、旧影、舆图

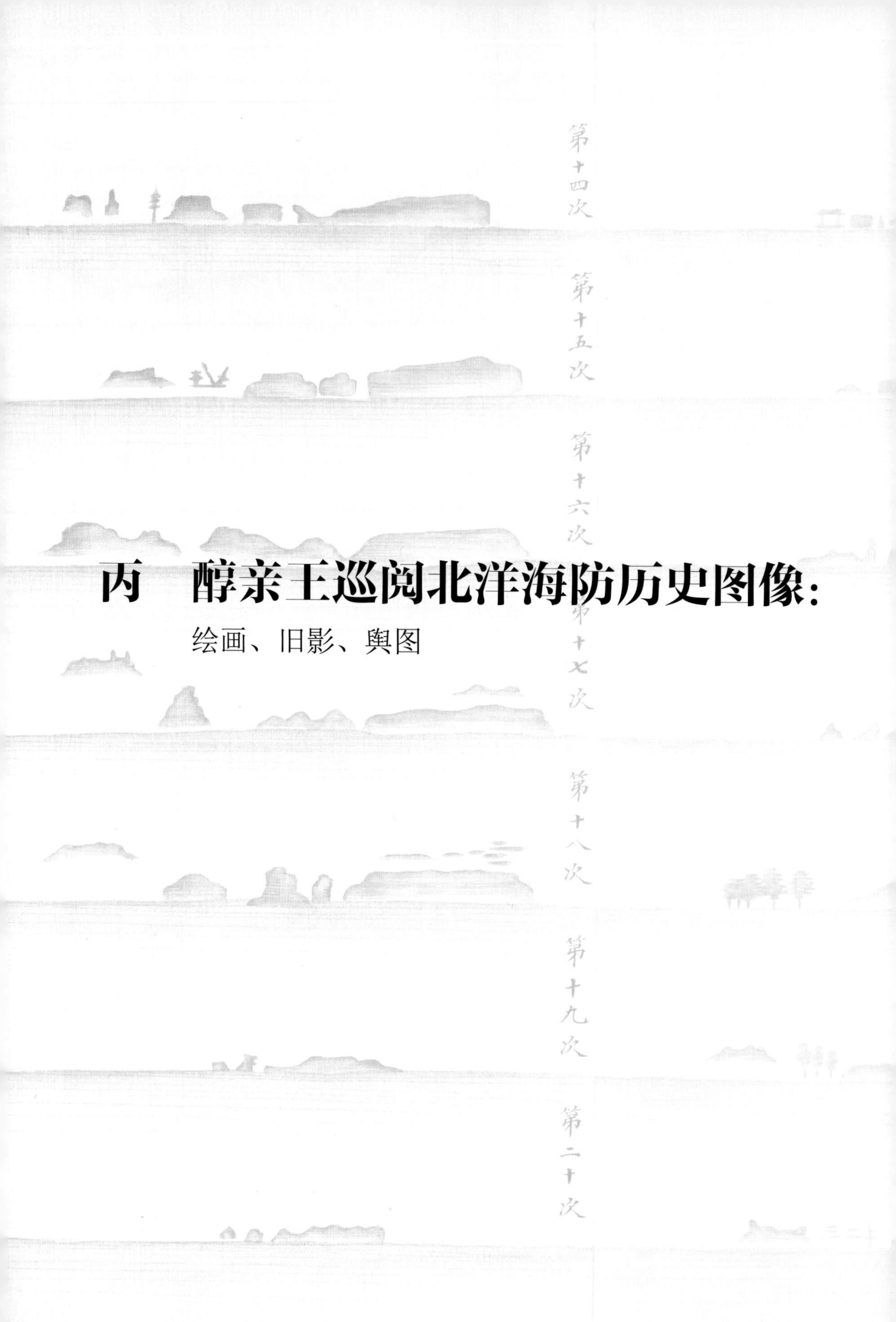

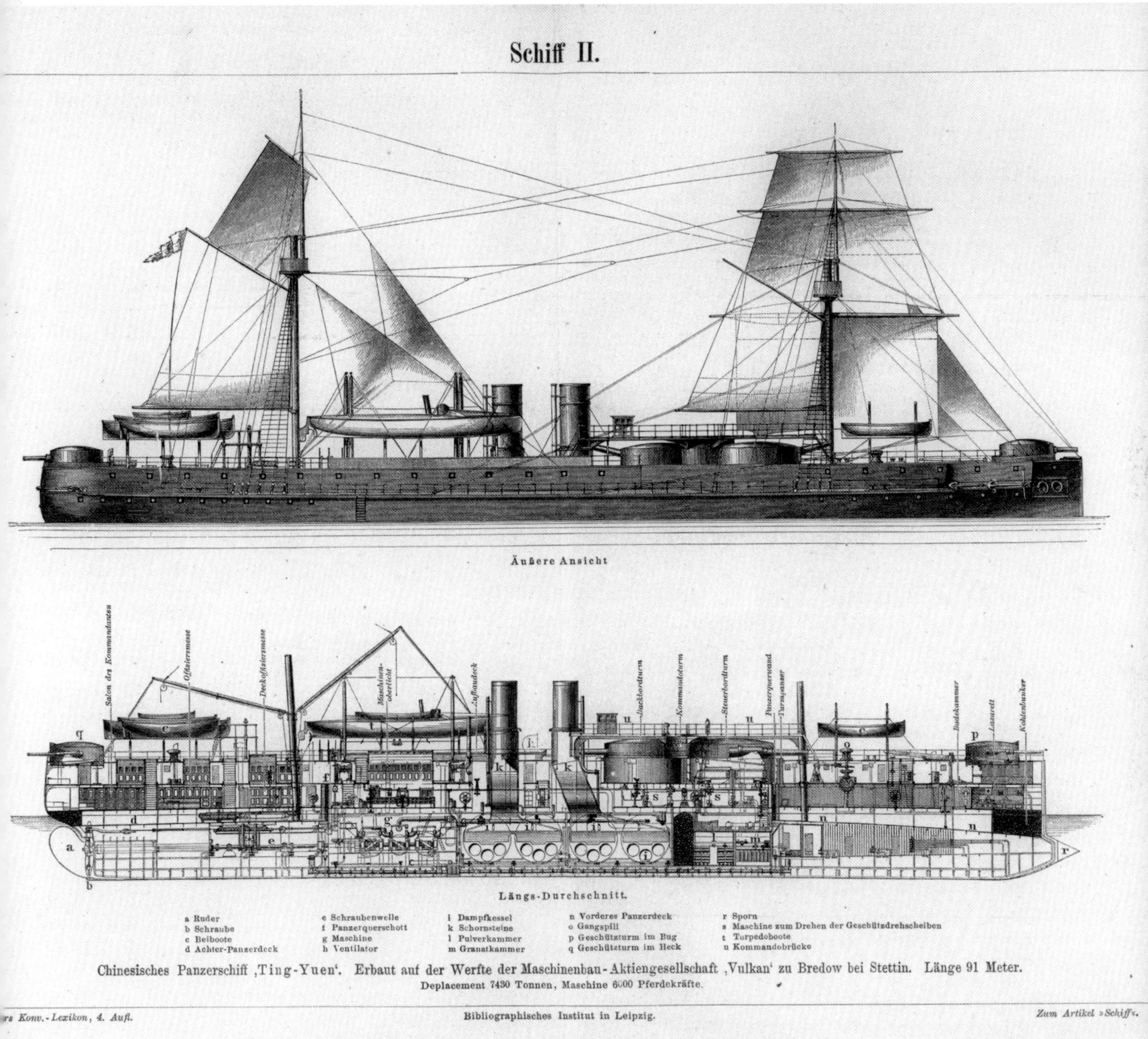

《迈耶百科词典》中国铁甲舰“定远”配图，19世纪80年代

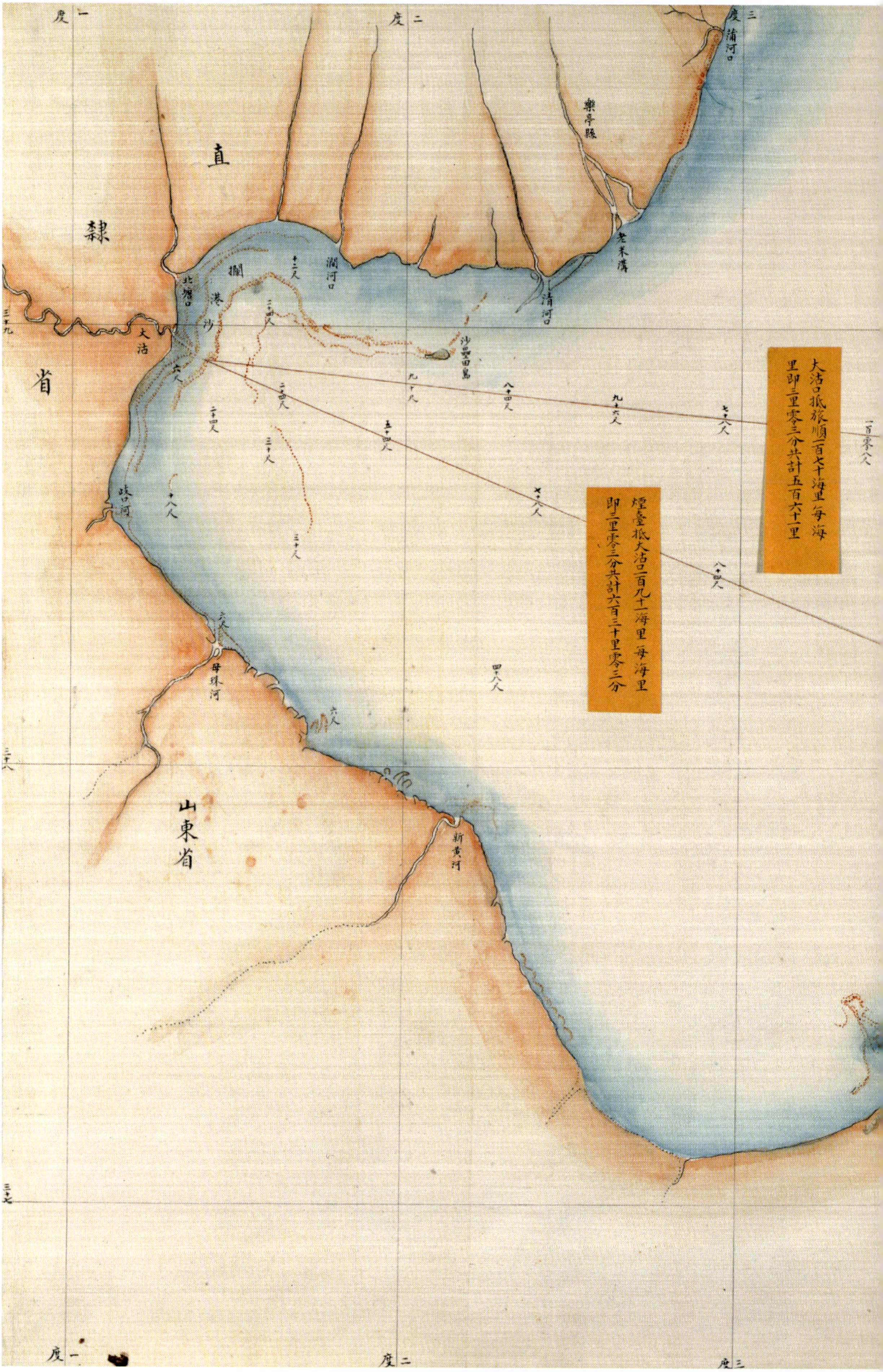

一度
二度
三度
直隸省
山東省
蒲河口
樂亭縣
老米溝
清河口
澗河口
北塘口
攔港沙
大沽
沙壘田島
岐口河
母豬河
新黃河
大沽口抵旅順一百七十海里每海里即三里零三分共計五百六十一里
煙臺抵大沽口一百九十一海里每海里即三里零三分共計六百三十里零三分

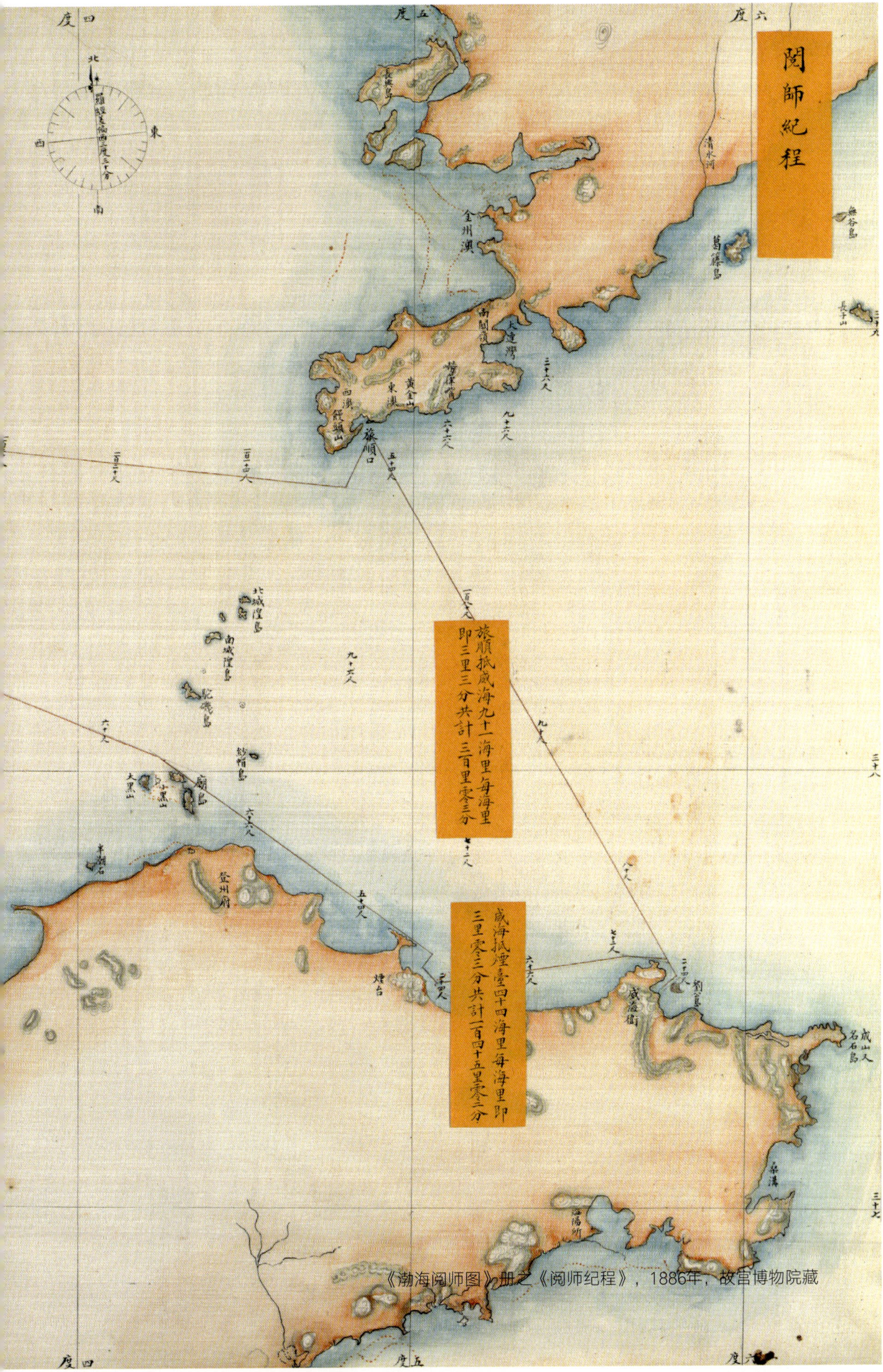

《渤海阅师图》册之《阅师纪程》，1886年，故宫博物院藏

鎮西蚊船
鎮東蚊船
鎮南蚊船
鎮邊蚊船
鎮北蚊船
鎮中蚊船
隨員坐船
超勇快船
濟遠鐵艦

《渤海阅师图》册之《海军布陈》，1886年，故宫博物院藏

《渤海阅师图》册之《旅顺水操》，1886年，故宫博物院藏

第十四次
第十五次
第十六次
第十七次
第十八次
第十九次
第二十次

《渤海阅师图》册之《庙岛蜃市》，1886年，故宫博物院藏

尖角
黑島
青島
街市
威海衛城
魚雷廠
碼頭
金線頂
白沙角

《渤海阅师图》册之《威海水道》，1886年，故宫博物院藏

《渤海阅师图》册之《兵船悬彩》，1886年，故宫博物院藏

之罘島
民居
崆峒島
煙台

《渤海阅师图》册之《芝罘形势》，1886年，故宫博物院藏

英國兵船十隻
隨員坐船
鎮南蚊船
鎮東蚊船
鎮中蚊船
王大臣坐船
鎮西蚊船
鎮邊蚊船
鎮北蚊船

《渤海阅师图》册之《烟台大会》，1886年，故宫博物院藏

《渤海阅师图》册之《登州振旅》，1886年，故宫博物院藏

海晏

《巡阅北洋海防图》，1886年，台北故宫博物院藏

《威宣渤海图》，2024年，翁林涛绘

本图描绘光绪十二年四月十五日，醇亲王在南北洋15艘舰只的护卫下，乘“海晏”轮出大沽口至旅顺的航行实况。图上由右至左依次为“定远”“开济”“扬威”“海晏”“镇远”“南瑞”“济远”“超勇”“镇中”诸舰。本图的创作参考了《渤海阅师图》册之《海军布陈》，以平行视角描绘出南北洋舰只舳舻两翼的壮观场面。

据《醇亲王巡阅北洋海防日记》记载：十五日丑刻，乘潮出大沽口。“海晏”前行，“保大”后行；“定远”“镇远”“济远”“超勇”“扬威”五舰并南洋派来合操之“南琛”“南瑞”“开济”三舰分左右各四护行；“镇东”“镇西”“镇南”“镇北”“镇中”“镇边”六炮船尾随之。是日行五百六十里，酉刻抵旅顺口。

醇亲王奕譞

19世纪80年代，故宫博物院藏

醇亲王奕𫍽与护卫亲兵等

1886年，日本宫内厅藏

醇亲王奕譞巡阅海防期间于大沽口骑马像

1886年，故宫博物院藏

醇亲王奕譞巡阅海防时骑马像

1886年，法国国防部档案馆藏

总理海军事务大臣醇亲王奕譞、会办海军事务大臣李鸿章、帮办海军事务大臣善庆，在天津海光寺行辕

1886年，故宫博物院藏

总理海军事务大臣醇亲王奕譞

《王大臣官弁亲兵照像》[1]，1886年，故宫博物院藏

1 本书所录《王大臣官弁亲兵照像》中的人物姓名、官职等信息均为原片上的手写说明。其中醇亲王奕譞、李鸿章、善庆三人未具名，为编者后加，特此说明。

会办海军事务大臣李鸿章

《王大臣官弁亲兵照像》，1886年，故宫博物院藏

帮办海军事务大臣善庆

《王大臣官弁亲兵照像》，1886年，故宫博物院藏

善庆骑马持枪

1886年，日本宫内厅藏

奕譞、李鸿章、善庆、丁汝昌与英国海军提督哈密敦等合影

1886年，日本宫内厅藏

山东巡抚张曜

《王大臣官弁亲兵照像》，1886年，故宫博物院藏

总理海军事务衙门总办、镶红旗汉军副都统、神机营全营事务翼长、专操大臣、世袭二等子恩佑

《王大臣官弁亲兵照像》，1886年，故宫博物院藏

总理海军事务衙门帮总办、神机营文案翼长、军机章京、兵部郎中堃岫

《王大臣官弁亲兵照像》，1886年，故宫博物院藏

神机营营务翼长、二品顶带参领明惠
总理海军事务衙门帮总办、记名御史、四品衔候补郎中、工部员外郎常明
神机营营务翼长、前次卓异记名护军参领祥普

《王大臣官弁亲兵照像》，1886年，故宫博物院藏

神机营军器库翼长、候补道王福祥
神机营机器局总办、候补道恩佑
神机营枪炮厂总办、候补直隶州知州岳禄

《王大臣官弁亲兵照像》，1886年，故宫博物院藏

海军衙门委员、三等侍卫景亨
海军衙门委员、世管佐领博瑞

《王大臣官弁亲兵照像》，1886年，故宫博物院藏

海军衙门书手、六品军功领催伯连
海军衙门委员、世管佐领希林布
海军衙门委员、三等侍卫、轻车都尉佟泽沛

《王大臣官弁亲兵照像》，1886年，故宫博物院藏

神机营枪炮厂委员、同文馆肄业生岱寿
神机营机器局委员、公中佐领恩杰
神机营枪炮厂委员、詹事府主簿李奎光
神机营枪炮厂委员、候选笔帖式振镛
神机营机器局委员、候补骁骑校荫德赫

《王大臣官弁亲兵照像》，1886年，故宫博物院藏

海军衙门章京、内务府候补员外郎庆宽
海军衙门章京、东珠市口汛守备金如鉴

《王大臣官弁亲兵照像》，1886年，故宫博物院藏

海军衙门章京、候补印务章京、骁骑校色楞额

《王大臣官弁亲兵照像》，1886年，故宫博物院藏

海军衙门章京、宗人府效力笔帖式、宗室英文

《王大臣官弁亲兵照像》，1886年，故宫博物院藏

海军衙门章京、礼部候补员外郎荫斌
海军衙门章京、户部候补主事全顺

《王大臣官弁亲兵照像》，1886年，故宫博物院藏

二等护卫爱图哩
头等护卫怀他布
二等护卫瑚图哩

《王大臣官弁亲兵照像》，1886年，故宫博物院藏

三等护卫穆都哩
二等护卫伯勒格图

《王大臣官弁亲兵照像》，1886年，故宫博物院藏

护军校那尔瑚岱
护军校额尔克图
三等护卫库尔禅
三等护卫噶尔萨

《王大臣官弁亲兵照像》，1886年，故宫博物院藏

柏唐阿阿穆呼朗
三等护卫文兴
六品衔柏唐阿他尔哈哩
柏唐阿禄祥

《王大臣官弁亲兵照像》，1886年，故宫博物院藏

柏唐阿果啰巴达兰
七品衔柏唐阿五福
柏唐阿常顺

《王大臣官弁亲兵照像》，1886年，故宫博物院藏

太监蔡朵
柏唐阿玛克占
柏唐阿连顺
柏唐阿庆源

《王大臣官弁亲兵照像》，1886年，故宫博物院藏

护军校衔特穆尔博赫
护军校伯勒果
护军校衔那木济勒
包衣达赛堪伊积斯珲

《王大臣官弁亲兵照像》，1886年，故宫博物院藏

马队亲兵、蓝翎长祥安

《王大臣官弁亲兵照像》，1886年，故宫博物院藏

马队亲兵、护军多瑞
马队亲兵、鸟枪护军常升
马队亲兵、鸟枪护军隆惠
马队亲兵、鸟枪护军松山
马队亲兵、护军校玉光
马队亲兵、鸟枪护军庆元

《王大臣官弁亲兵照像》，1886年，故宫博物院藏

马队亲兵、六品顶带鸟枪护军吉秀
马队亲兵、六品顶带鸟枪护军法福哩
马队亲兵、六品顶带鸟枪护军恩升
马队亲兵、鸟枪护军校额勒荣额
马队亲兵、鸟枪护军穆精额
马队亲兵、鸟枪护军希拉春

《王大臣官弁亲兵照像》，1886年，故宫博物院藏

马队亲兵、额外蓝翎长鸟枪护军富英
马队亲兵、额外蓝翎长鸟枪护军富兴
马队亲兵、鸟枪护军图伽贺
马小队章京、空花翎衔鸟枪护军海禄
马小队章京、委鸟枪护军参领桂林
马小队章京、空花翎衔鸟枪护军来福
马队亲兵、额外蓝翎长鸟枪护军瑞璋
马队亲兵、额外蓝翎长鸟枪护军连奎

《王大臣官弁亲兵照像》，1886年，故宫博物院藏

步队亲兵、蓝翎长广林
步队亲兵、额外蓝翎长护军立恒
步队亲兵、护军校双林
步队亲兵、额外蓝翎长成福
步队亲兵、护军校文英
步队亲兵、蓝翎长广成

《王大臣官弁亲兵照像》，1886年，故宫博物院藏

步队亲兵、技勇兵崇兴
步队亲兵、技勇兵连志
步队亲兵、技勇兵玉存
步队亲兵、幼丁连玉
步队亲兵、披甲庆寿
步队亲兵、披甲延锐
步队亲兵、幼丁来顺
步队亲兵、披甲连英
步队亲兵、技勇兵锡纶
步队亲兵、前锋双禄
步队亲兵、披甲荣谦
步队亲兵、技勇兵文良
步队亲兵、技勇兵德梅
步队亲兵、披甲吉连

《王大臣官弁亲兵照像》，1886年，故宫博物院藏

太监张喜
太监王三元
八品首领太监高顺

《王大臣官弁亲兵照像》，1886年，故宫博物院藏

统领北洋水师直隶天津镇总兵丁汝昌

《王大臣官弁亲兵照像》，1886年，故宫博物院藏

统领南洋水师已革总兵吴安康

《王大臣官弁亲兵照像》，1886年，故宫博物院藏

直隶候补道袁保龄
直隶津海关道周馥
直隶候补道刘含芳
天津知府汪守正
江苏候补道张翼
分省补用道罗丰禄
直隶候补道盛宣怀
直隶候补道潘骏德
分省补用道黄建笎

《王大臣官弁亲兵照像》，1886年，故宫博物院藏

办理天津机器制造局直隶候补道潘骏德
管理水师学堂直隶候补道吕耀斗

《王大臣官弁亲兵照像》，1886年，故宫博物院藏

办理北洋武备学堂江苏候补知府柯铭
办理北洋武备学堂已革湖北简用道杨宗濂

《王大臣官弁亲兵照像》，1886年，故宫博物院藏

办理天津营务处直隶候补道檀崖
办理天津营务处直隶候补道朱福荣
办理天津营务处江苏候补道万国顺
办理天津营务处直隶候补道张绍华

《工大臣官弁亲兵照像》，1886年，故宫博物院藏

办理北洋行营制造局分省补用知府龚照玙
办理北洋行营制造局直隶候补道高骖麟

《王大臣官弁亲兵照像》，1886年，故宫博物院藏

办理北洋海防军械所分省补用知府顾元爵
办理北洋海防军械所分省补用道张席珍

《王大臣官弁亲兵照像》，1886年，故宫博物院藏

直隶提督李长乐

《王大臣官弁亲兵照像》，1886年，故宫博物院藏

湖南提督周盛波

《王大臣官弁亲兵照像》，1886年，故宫博物院藏

四川提督宋庆

《王大臣官弁亲兵照像》，1886年，故宫博物院藏

广东陆路提督唐仁廉

《王大臣官弁亲兵照像》，1886年，故宫博物院藏

陕西固原提督雷正绾

《王大臣官弁亲兵照像》，1886年，故宫博物院藏

统领亲庆营记名提督吴兆有

《王大臣官弁亲兵照像》，1886年，故宫博物院藏

统领亲庆各营遇缺题奏提督黄仕林

《王大臣官弁亲兵照像》，1886年，故宫博物院藏

金州副都统文格

《王大臣官弁亲兵照像》，1886年，故宫博物院藏

未知人物

1886年，法国国防部档案馆藏

统领奉军记名提督左宝贵
总统铭字马步全军记名提督刘盛休
统领楚军马队记名提督徐邦道

《王大臣官弁亲兵照像》，1886年，故宫博物院藏

帮统毅字前军补用提督姜桂题
分统毅字后军记名提督程允和
分统毅字前军记名提督宋得胜

《王大臣官弁亲兵照像》，1886年，故宫博物院藏

直隶正定镇总兵叶志超
署直隶天津镇总兵郑国魁
直隶通永镇总兵吴育仁
署直隶正定镇总兵潘万才

《王大臣官弁亲兵照像》，1886年，故宫博物院藏

安徽皖南镇总兵史宏祖

《王大臣官弁亲兵照像》，1886年，故宫博物院藏

统领亲兵水师营补用副将郑崇义
海防前敌营务处记名提督吴殿元
统领开花炮队直隶大沽协副将罗荣光
统领直字营记名总兵刘祺

《王大臣官弁亲兵照像》，1886年，故宫博物院藏

管带天津练军中营记名提督阮炳福
管带保定练军左营记名提督史济源
统领天津练军护卫等营记名总兵黄金志
管带直隶督标亲兵炮队补用都司王得胜

《王大臣官弁亲兵照像》，1886年，故宫博物院藏

王得胜、黄金志、徐邦道

1886年，法国国防部档案馆藏

水师中营总右哨郑国泰
水师中营总中哨江廷秀
水师中营统带郑崇义
水师副营总中哨黄春源

《王大臣官弁亲兵照像》，1886年，故宫博物院藏

督辕武巡捕尽先补用都司杨福同
督辕文巡捕直隶候补知县胡良驹
督辕武巡捕留直补用都司萧万有

《王大臣官弁亲兵照像》，1886年，故宫博物院藏

天津武备学堂学生

1886年，故宫博物院藏

天津武备学堂学生伏案

1886年，故宫博物院藏

天津武备学堂学生射击训练

1886年，日本宫内厅藏

天津武备学堂学生射击训练

1886年，日本宫内厅藏

天津武备学堂学生持枪、奏乐

1886年，日本宫内厅藏

天津武备学堂学生队列行进训练

1886年，日本宫内厅藏

天津武备学堂学生分列式训练

1886年，日本宫内厅藏

醇亲王巡阅海防期间官兵列队

1886年，法国国防部档案馆藏

醇亲王阅操之一

1886年，日本宫内厅藏

醇亲王阅操之二

1886年，日本宫内厅藏

醇亲王阅操之三

1886年，日本宫内厅藏

由白玉山眺望旅顺港

1886年，日本宫内厅藏

旅顺港东澳北岸

1886年，日本宫内厅藏

旅顺港东澳南岸黄金山后

1886年，日本宫内厅藏

旅顺港东澳南岸

1886年，日本宫内厅藏

旅顺港西北方向

1886年，日本宫内厅藏

旅顺港内

1886年，日本宫内厅藏

旅顺口

19世纪80年代，徐家宁藏

烟台港

1886年，日本宫内厅藏

天津水师学堂学生持枪列队

1886年，故宫博物院藏

天津水师学堂驾驶学生伏案

1886年，故宫博物院藏

天津水师学堂学生使用六分仪

1886年，故宫博物院藏

天津水师学堂学生练习上桅

1886年，故宫博物院藏

天津水师学堂管轮学生伏案

1886年，故宫博物院藏

天津水师学堂管轮学生操作机器

1886年，故宫博物院藏

天津水师学堂管轮学堂机器厂锅炉

1886年，故宫博物院藏

天津水雷学堂教官及学生

1886年，日本宫内厅藏

天津水雷学堂

1886年，日本宫内厅藏

天津海光寺机器局

19世纪80年代，徐家宁藏

教练海军提督衔英人朗威里

19世纪80年代，故宫博物院藏

承修旅顺八炮台三品顶戴德人汉纳根

1886年，故宫博物院藏

英国水师提督哈密敦

19世纪末，姜鸣供图

烟台会晤法国提督理邀年

1886年，故宫博物院藏

“海晏”轮船船主燕德路

1886年，故宫博物院藏

醇亲王至烟台期间的随行舰船

1886年，日本宫内厅藏

帥

醇亲王乘坐“长龙”木船回程时通过天津三叉河口情景

1886年，故宫博物院藏

海晏

“海晏”轮

1886年，故宫博物院藏

“镇远”舰

1886年，日本宫内厅藏

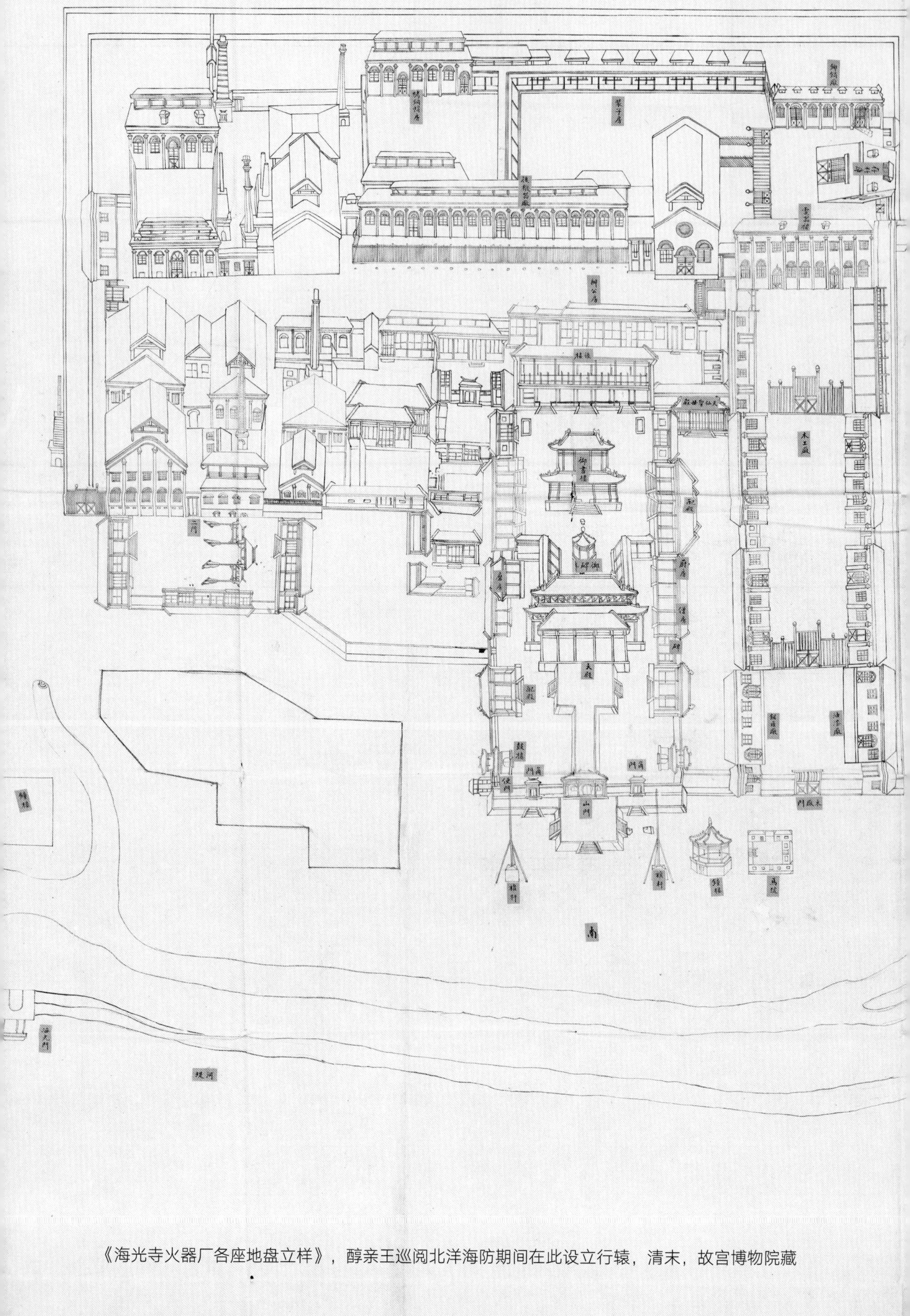

《海光寺火器厂各座地盘立样》，醇亲王巡阅北洋海防期间在此设立行辕，清末，故宫博物院藏

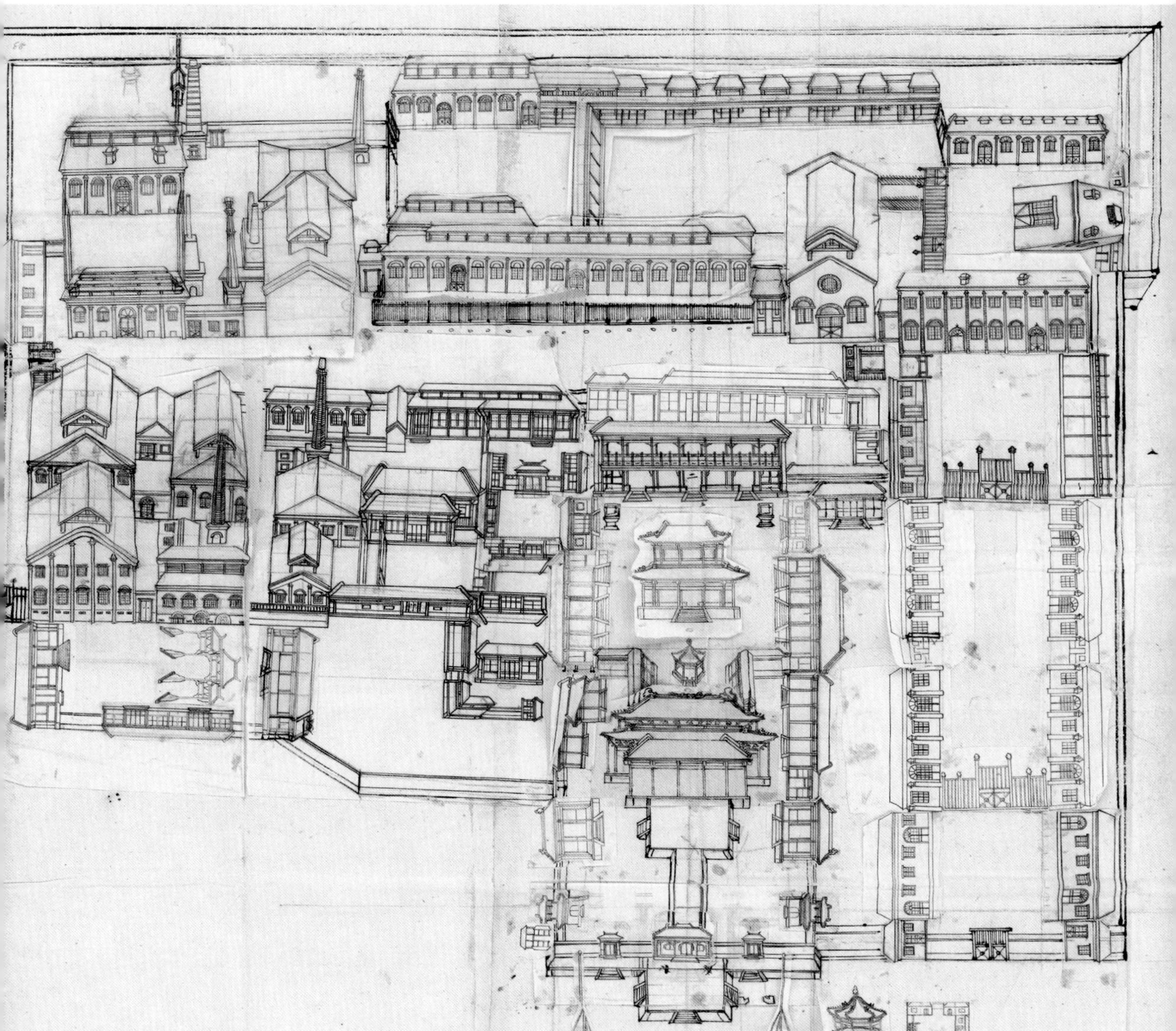

《海光寺地盘糙样》，清末，故宫博物院藏

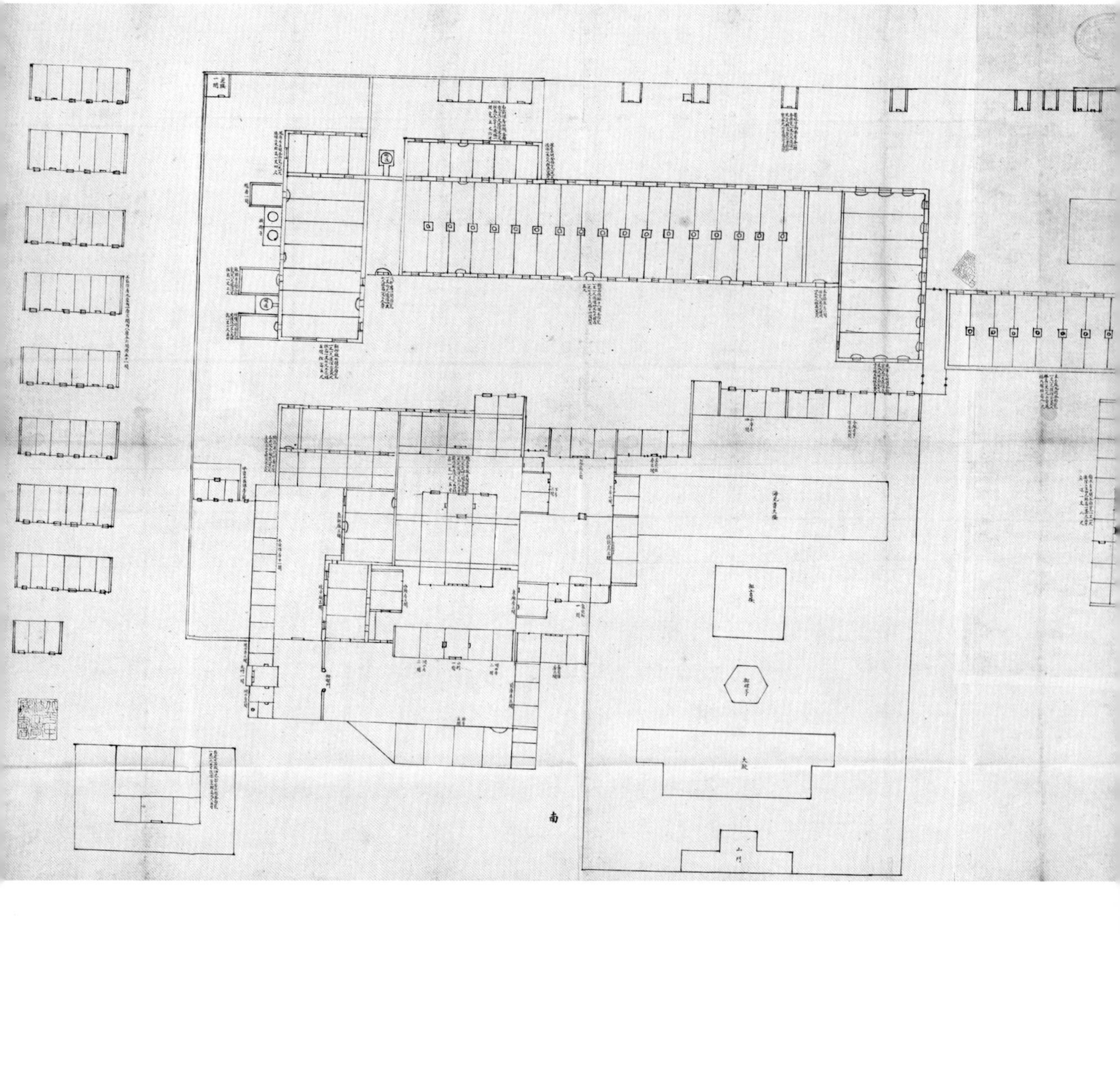

《海光寺火器厂各座地盘丈尺画样》，清末，故宫博物院藏

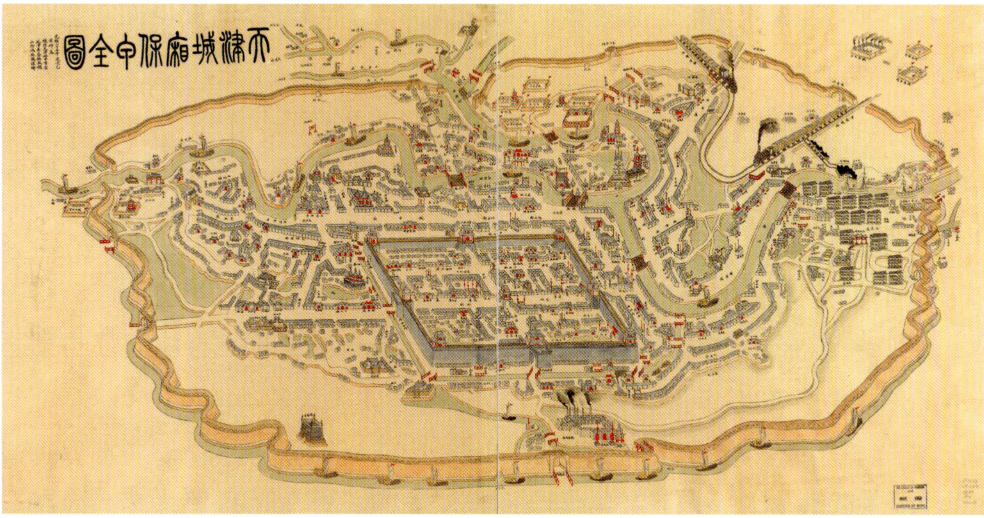

《天津城厢保甲全图》，1899年，美国国会图书馆藏

美国国会图书馆收藏有彩绘《天津城厢保甲全图》。该图采用了鸟瞰的形式，以毛笔墨水和水彩相结合、写意与写实相结合的手法，描绘了天津旧城内外、海河及大运河沿岸的街巷建筑景观，绘出官衙、寺庙、工厂、租界、洋房、桥梁等建筑物，展现了近代天津主要官方建筑的范围轮廓，可以形象地帮助后人建立起对它们的方位感。1886年，醇亲王巡阅北洋海防，在天津有短暂停留，通过观察此图，也可以对其所到之处有个基本概念，所以具有很高的史料价值。

《天津城厢保甲全图》不注比例，方位亦不甚讲究，基本以北为上方。图上租界洋楼建筑，无论数量还是形态，皆与真实情况不符，只能作为示意。图左上方落款：“光绪二十五年岁次己亥仲春，总理天津保甲事宜延津李荫梧敬题，山阴冯启鷄谨绘。”就实际情况看，当时天津租界内的著名建筑戈登堂、利顺德饭店，新浮桥之北的海防公所都已建成，但图中没有标识。李荫梧在李鸿章手下任职多年，光绪十九年由李鸿章保荐署理天津知府。冯启鷄情况不详。

《天津城厢保甲全图》原图尺寸为55厘米×111厘米。下面是对图中重要建筑物的简单介绍：

1.红桥

横跨子牙河，当年为过往天津官员的登岸码头。醇亲王奕譞出京巡阅海军，亦在此上岸。

2.窑洼

李鸿章担任直隶总督、北洋通商大臣后，在大悲院附近窑洼一带驻扎军队，光绪十八年在此兴建海防公所，作为北洋海军人员活动场所。光绪二十七年，袁世凯接替李鸿章成为直隶总督兼北洋大臣。因为之前的总督行台被八国联军设立的都统衙门占据，他选择在海防公所内办公。同年，都统衙门倒台，袁世凯却没有回那里办公。不久，他将保定的直隶总督衙门迁到天津，海防公所就成了新的直隶总督署。

3.吴楚公所

位于大王庙东侧，为当年北洋接待往来官员的场所。

4.新浮桥

同治十一年，李鸿章率淮军在窑洼大悲院一带扎营。派人在刷纸庙北（距现金钢桥上游三百米处）用桥船搭建一座新浮桥，连接窑洼和河北关下，车马行人从此通行无阻。百姓把这座浮桥叫作“新浮桥”。

5.督院署

即直隶总督行署。此地原为巡按长芦盐课察院公署，简称盐院公署。咸丰十年底，盐政裁缺，在此新设三口通商大臣衙门。同治九年，李鸿章任直隶总督兼北洋通商大臣后，这里改为北洋通商大臣衙门。直隶总督驻节保定，李鸿章因办理交涉事务，每年仲春驻天津，十月冰冻后回保定节署度岁，此地又称为直隶总督天津行馆。总督俗称制台，也被下属尊称为制帅、制宪或督宪。直隶总督天津行馆曾有督院、督辕、督院署、总督行署、总督衙署、总督衙门、北洋大臣行辕、通商大臣署等诸多别称。

6.望海楼

望海楼教堂建于咸丰九年，是天主教传入天津后建造的第一座教堂。在天津教案和义和团运动中两次被焚毁，此后又分别重修。

7. 关道署

同治九年，天津教案爆发后，添设津海关道，专管中外交涉和新、钞两关税务，此为其办公场所。

8. 老龙头火车栈

始建于光绪十四年，是全国最老的车站之一。现为天津站。

9. 水师营务处

协助李鸿章管理北洋水师的机构。

10. 新海关

外籍税务司掌控的津海关办公场所。

11. 北洋医院

光绪五年，李鸿章资助英国传教士医生马根济在大王庙西侧创建天津施医院，俗称“总督医院”，又在院内开设中国最早的医学院北洋医学馆。马根济去世后，中英分开办医办学。新设的天津储药施医总院（亦称北洋医院）和天津医学堂即设在法租界海大道。

12. 招商局

轮船招商局是洋务运动中开办的第一家民用企业，此处为天津分局。为醇亲王奕譞巡阅北洋海防提供摄影服务的梁时泰照相馆亦在附近。

13. 机器东局

天津机器制造局，创建于同治六年，在天津城东贾家沽道购地局，主要生产火药，通称东局。天津水师学堂亦设于东局，醇亲王奕譞曾前往视察。

14. 武备学堂

光绪十一年创建的中国第一所陆军学堂。

15. 梁时泰照相馆

梁时泰是光绪年间著名摄影师，醇亲王巡阅海防期间的大部分照片由他摄制。其照相馆址在海河西岸招商局北侧。

16. 镇署

天津镇总兵衙署。

17. 问津书院

天津城内的书院，创建于乾隆十六年。

18. 县署

天津县衙署。

19. 道署

天津兵备道衙署。

20. 机器南局

同治六年，在天津城南海光寺附近建设机器局西局（亦称南局），主要生产火炮和轮船机器零件。醇亲王奕譞曾前往视察。

21. 海光寺

津门名刹，始建于康熙四十四年，咸丰八年英法联军进犯天津，胁迫清政府在海光寺正殿签订《天津条约》。醇亲王奕譞出京巡阅海防，在此设行辕。光绪二十六年毁于八国联军炮火。

丁　醇亲王巡阅北洋海防期间致清宫电报

第一封

照录醇亲王电信，光绪十二年四月十三日到。

臣奕譞跪请皇太后圣安。臣于十三日未刻抵津，定于十四日查看武备学堂，即乘轮赴大沽。谨奏。

第二封

照录醇亲王电信，光绪十二年四月十五日到。

十四日巳刻，法、俄、美、英、德、日本各国正副领事及德崔林来谒。臣等接见如仪。午刻查学堂后展轮，戌刻抵沽，停泊口内。定于寅刻乘潮出海赴旅顺。

再，臣奕譞前奏奖三舰洋人银两，现与臣鸿章商酌，可否俟操毕，传旨分别等次，改奖宝星，彼必益感。谨奏，请旨。

第三封

照录醇亲王电信，光绪十二年四月十五日亥刻到。

十五日丑初二刻，月明潮足，浪靖风平，遂展轮出海。率南北洋兵轮整队行驶，于酉刻抵旅顺。仰叨慈荫，一切平安，臣等自明日起，分校水陆操演。谨奏。

电报上另有朱字：十二至十五日均阴天。十六日下雨。十七日晴。十八日晴。十九日阴天，晚下雨至酉刻。亥刻以后□□□。二十日晴天。二十一日风，晴天。

第四封

照录醇亲王电信，光绪十二年四月十八日到。

十六日臣奕譞等校阅宋庆、黄仕林、吴兆有、张文宣等各军。午后英提督哈密敦率兵船十只泊于口外，派领事见臣鸿章，请与臣奕譞会晤。臣鸿章告以亲王体制甚重，此系初次，须按日前见领事立见之仪，彼允之。十七日巳初，该提督率船主等至寓，臣奕譞接见后，臣鸿章稍与周旋，彼欣然而去。臣等遂登黄金山，阅南北洋水操及刘含芳统带之鱼雷轰船，并各炮台打靶，查看坞工等事。洋人郎威里等教练司事各著成效，汉纳根专司炮台，坚固得法，前奏宝星一节，尚未奉旨，是以操毕先以语言嘉奖，仍候恩旨遵行。十八日臣等将沿山炮台详查，并查鱼雷营课程。未刻展轮赴威海卫巡阅。谨奏。

第五封

照录醇亲王等电信，光绪十二年四月二十一日到。

臣等十八日发报后，申初展轮南驶，子初抵威海。十九日操演六蚊船大小各炮，并查三铁舰。午正开行，申正抵烟台。巡抚张曜查河完竣，陈士杰因阅兵，皆来晤。法提督理邀年率兵头等止船会晤，如见英提督仪。臣鸿章、善庆至英法两国兵船答之以礼。二十日丑初开行，酉正进大沽口，现拟分日查阅炮台、陆操、各局，计至二十五日可竣。臣等仰荷慈荫，巡海视师，诸臻平安。谨合词奏闻。

臣奕譞恭请皇太后圣安。臣鸿章、善庆恭请皇太后、皇上圣安。谨奏。

第六封

照录醇亲王等电信，光绪十二年四月二十四日到。

两次懿旨敬悉。臣等出海时，因风涛莫测，故未豫定程期，致转电歧误。各图已参用华洋各法绘成，仅大沽之海神庙船坞，系分照接装，俟复命日呈览。连日臣等将大沽炮台营盘、东南二机器局、新城防军、天津各练军察阅完竣。臣奕谖、善庆于廿五日起程回京，五月初一日覆命。谨奏。

臣鸿章恭请皇太后、皇上圣安。

此六封电报引自中国第一历史档案馆编：《光绪朝朱批奏折》第64辑，第863—865页，中华书局，1996年。

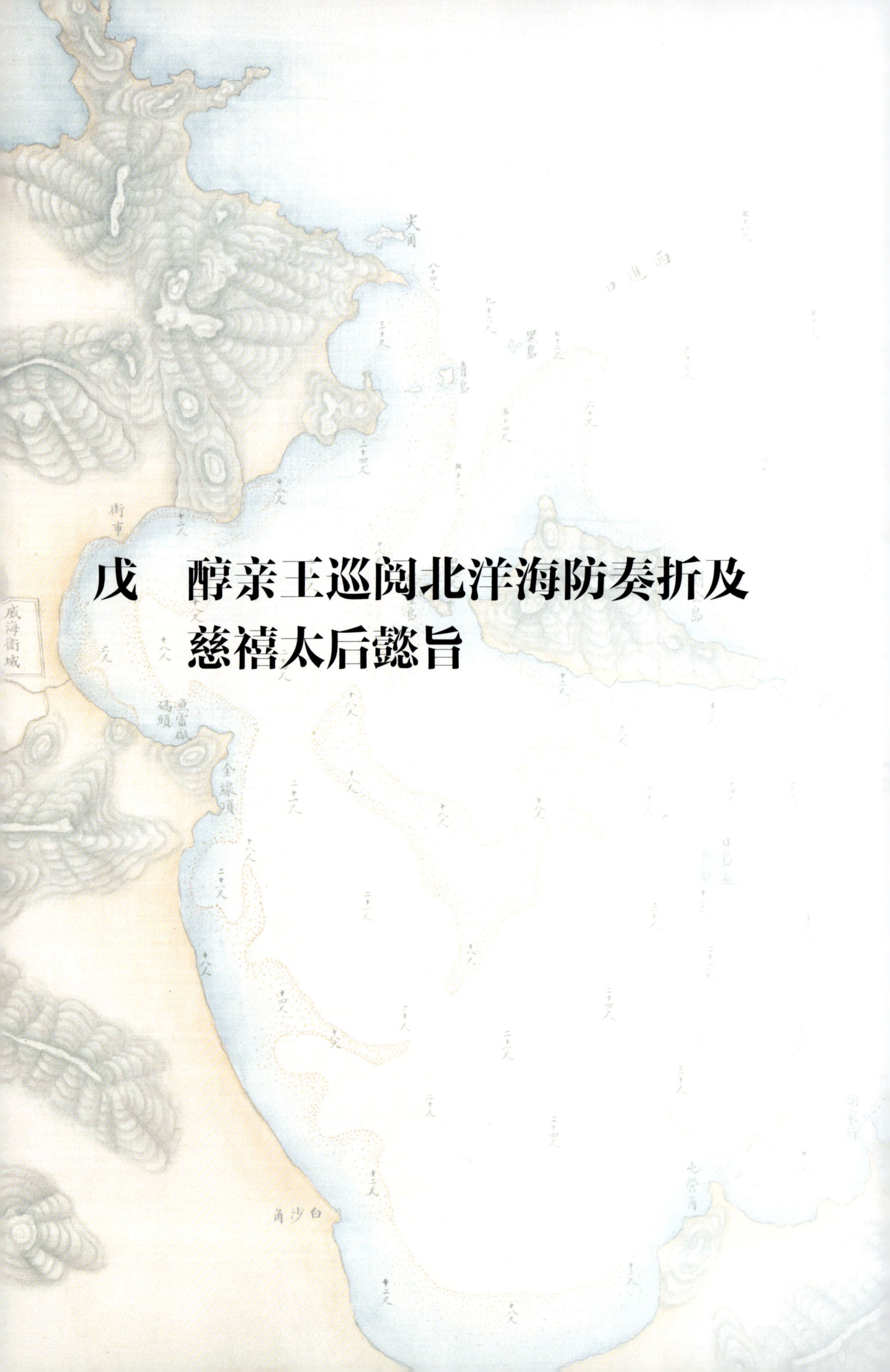

戊　醇亲王巡阅北洋海防奏折及慈禧太后懿旨

巡阅北洋事竣覆陈水陆各操情形由

光绪十二年五月初一日

臣奕譞跪奏，为巡阅北洋事竣，恭折覆陈，仰祈慈鉴事。

窃臣等四月十三日行抵天津，会同大学士直隶督臣李鸿章，十四日赴大沽，十五日展轮出海至奉天之旅顺口，十八日驶抵山东之威海卫，十九日抵烟台，二十日回大沽，二十二日回津。连日将查阅各处炮台、水陆操演、机器局、武备水师学堂情形电奏，并钦奉十六、十七日懿旨，遵行在案。

查旅顺扼直、奉、渤海门户，口门最狭，内有东西两澳，现用机器浚深，可泊师船多只，船坞甫经开挖，工程甚巨，非克期能竣。口外众山环绕，天然形胜。现于沿海东岸黄金山、牧猪礁、崂嵂嘴，西岸老虎尾、蛮子营、馒头山等处，分筑炮台，均得地势，仿照西法，工程坚固。所设克鹿卜后膛大炮多尊，皆能攻坚及远，布置洵属合宜。各军操演枪炮有准，鱼雷、水雷施放得法，堪当大敌。惟宋庆所部，仅步队五营扼扎后路，尚嫌力薄，有事时必须添调。闻金州之大连湾水面宽阔，能泊多船，但口门太广，无可设防，是以未经往勘。至威海卫亦海滨隩区，适当烟台来路，水师屯操皆宜。惟南北两口宽各数里，筑台布雷需费颇巨，仍须量力次第经营。此察度北洋必争形势之大概也。

北洋现只“定远”“镇远”“济远”三铁舰、“超勇”“扬威”两快船可备海战之用，南洋仅“开济”“南琛”“南瑞”三船行驶尚速，炮位尚大。臣等将前项八船调集旅顺洋面合操，并令随行威海、烟台一带，布阵整齐，旗语、灯号如响斯应，各将弁讲求操习，持久不懈，可期渐成劲旅。惟此数船，合尚嫌单，分则更少。俟明年英、德新订快船四只北来，合之北洋现有五船，自成一队。仍俟筹款有着，再行续商添购。海防关系重大，久远之计，将来船只成军时，应请专设提督等额缺，妥定章程，以专责成而固军志。至“镇中”“镇边”“镇南”“镇北”“镇东”“镇西”蚊船六只，炮巨船小，行驶甚缓，只可护炮台以守海口。鱼雷艇虽小而速，雷行水中，无坚不破，实为近时利器，亟宜多购多操。以一铁舰之价，可购四五十雷艇。如南北各口有鱼雷艇百只，敌船必畏而却步。北洋现止百尺艇五只，道员刘含芳督操甚熟，已觉气势无前。此察度水师应办规模之大概也。

自来设防之法，水陆必相依护。即使水军已成，陆营未可尽撤。况目下财力极绌，师船甚单，尤赖炮台陆军以自固。北洋为京畿拱卫，李鸿章所部各队分布各隘，力量并不见厚。臣遍加校阅，将领多经战阵，枪炮皆系新式，操法一律，变化整齐，尚为可恃。惟练兵先须选将，今未雨绸缪，尤以教练人才为第一义。练陆军之人才，则以武备学堂为根本；练水师之人才，则以驾驶、管轮学堂为根本。臣亲往两学堂查勘课程，各生徒于陆路枪炮台垒之法、水军测量推算之理，童而习之，长令入营带队，必得实用，将材自日出而不穷。亟须逐渐扩充，为费无多而裨益甚大。此查度陆军不宜遽裁，学堂仍须推广之大概也。

除将水陆各操、鱼雷图样及旅顺大沽炮台参用华洋各法绘图，恭呈御览外，所有巡阅北洋查勘情形，谨会同都统臣善庆，缮折具陈。伏乞皇太后慈鉴。谨奏。

《军机处录副档》，档案号03-9420-015

四川提督宋庆等操练勤奋请奖片

光绪十二年五月

再，臣此次校阅北洋水陆各营操练，各将领文武等，均能勤奋将事。官弁兵勇步伐止齐，一律严整，枪炮、雷电施放灵捷，自应量予奖赏，以示鼓励。除将各军统带、管带官及哨弁人等，分别奖给翎枝、衣料、物件，兵勇按名奖给银两外，所有尤为得力之四川提督宋庆，署湖南提督周盛波，广东陆路提督署通永镇总兵唐仁廉，记名提督天津镇总兵丁汝昌，安徽皖南镇总兵史宏祖，记名提督大沽协副将罗荣光，候补副将郑崇义，记名总兵黄春源，二品衔津海关道周馥，二品衔直隶候补道刘含芳、袁保龄等，均请旨交部从优议叙。其经理机器、轮船各局出力之直隶候补道潘骏德、盛宣怀，分省补用知府龚照玙等，均请旨交部议叙，俾昭激劝。至统带南洋三船之革职留营花翎提督衔记名总兵吴安康，上年在浙江镇海堵击法船，奋勇可嘉，现带船北来合操，纪律号令均尚整肃，未便没其劳勚，应如何加恩之处，出自圣裁。理合附片具陈，伏乞慈鉴。谨奏。

《军机处录副档》，档案号03-9420-018

察看北洋雇用洋员英兵官琅威里等均甚勤奋分别等次嘉奖片

光绪十二年五月

再，北洋雇用洋员教练兵舰出力，奉电寄懿旨，著俟操毕，分别等次，传旨给予宝星，钦此。查洋人性情以能得他国宝星为荣宠，该员弁等远道应募而来，业经优给薪资，应酌赏宝星，以示观感。臣察看英兵官琅威里等教演船炮阵法，德员汉纳根监造旅顺炮台，均甚勤奋，著有成效，自应查照总理衙门前奏宝星定章，分别等次，传旨给予奖励，俾益感奋效命。除咨北洋大臣照章制造颁发，并饬统领水师丁汝昌先行传谕各洋员钦遵外，理合缮开清单，恭呈慈览。谨附片具奏。

《军机处录副档》，档案号03-9420-016

恭呈北洋教习洋员拟请奖励清单

光绪十二年五月

谨将北洋教习洋员拟请奖励开具清单，恭呈慈览：

英国水师总兵琅威里，拟请赏给二等第三宝星；

德员汉纳根、英员鲍察，拟请赏给三等第一宝星；

德员克鹿库衣、甫蓝迈、恩脱，英员哈和等四名，均拟请赏给三等第二宝星；

德员汤姆斯、格拉封得耳、格拉喷勾脱、福来舍、瑞乃尔，英员葛果德、嘉格蒙等七名，均拟请赏给三等第三宝星；

英弁夏立士、晏得禄，德弁文德力希、金美伯、智登、琅达、李士固、阿璧成、博合士、密禄、巴格蒙、赫力士、巴兰柏、蔡飞、舒斐、甘美德、密勒克，美弁马吉芬、蓝恺思等十九名，均拟请赏给四等宝星。

《军机处录副档》，档案号03-9420-017

懿旨

光绪十二年五月初一日

钦奉慈禧端佑康颐昭豫庄诚皇太后懿旨：天津大沽口海神庙素著灵应，叠奉列圣颁发御书匾额。此次醇亲王奕谖等巡阅各海口，涉历波涛，仰邀神佑，迅速平稳。现值庙宇重新工程告蒇，著颁给御书匾额三方，交李鸿章祗领，分别敬谨悬挂，以答神庥，钦此。

《光绪宣统两朝上谕档》第12册，第172页，广西师范大学出版社，1996年

懿旨

光绪十二年五月初一日

钦奉慈禧端佑康颐昭豫庄诚皇太后懿旨：醇亲王奕谖奏，巡阅北洋覆陈水陆操演情形，暨请奖叙将领员弁及分给宝星各折片。览奏均悉。精练水师，前

经谕令，先从北洋开办。此次醇亲王奕谖亲赴天津，会同李鸿章、善庆周历旅顺等处，将南北洋轮船调集合操，并将水陆各营一律校阅，技艺均尚纯熟，阵法亦极整齐。除各军统带、管带各员及哨弁兵勇，由该王奖给物件银两外，四川提督宋庆，署湖南提督周盛波，广东陆路提督署通永镇总兵唐仁廉，天津镇总兵丁汝昌，皖南镇总兵史宏祖，大沽协副将罗荣光，候补副将郑崇义，记名总兵黄春源，津海关道周馥，直隶候补道刘含芳、袁保龄，均著交部从优议叙。候补道潘骏德、盛宣怀，分省补用知府龚照玙，均著交部议叙。已革总兵吴安康留营效力，统带南洋轮船，尚称得力，著加恩赏给四品顶戴。至洋员教练兵舰，著有成效，亦应一体奖励。除分别给予宝星外，琅威里教演水师尤为出力，著再加恩赏给提督衔。汉纳根监造炮台坚固如式，著再加恩赏给三品顶戴，以示鼓励。海防关系紧要，必须逐渐扩充，历久不懈。据奏，练兵先须选将。陆军人才以武备学堂为根本，水师人才以驾驶、管轮学堂为根本，洵属扼要之论。并据王面奏，各学堂肄业，于讲求战备外，兼习经史，尤属合宜。又据奏，已革道员杨宗濂，前办天津武备学堂，规制颇能整肃，可否弃瑕录用等语。杨宗濂著准其留于直隶，交李鸿章差遣委用。经此次巡阅之后，醇亲王奕谖务当会同李鸿章等物色将才，实力整理，并督饬现在管带各员，认真练习，力求精进。应如何筹集巨款，续添船炮之处，并著随时会商奏明办理。

《清德宗起居注》卷二八，光绪十二年五月初一日

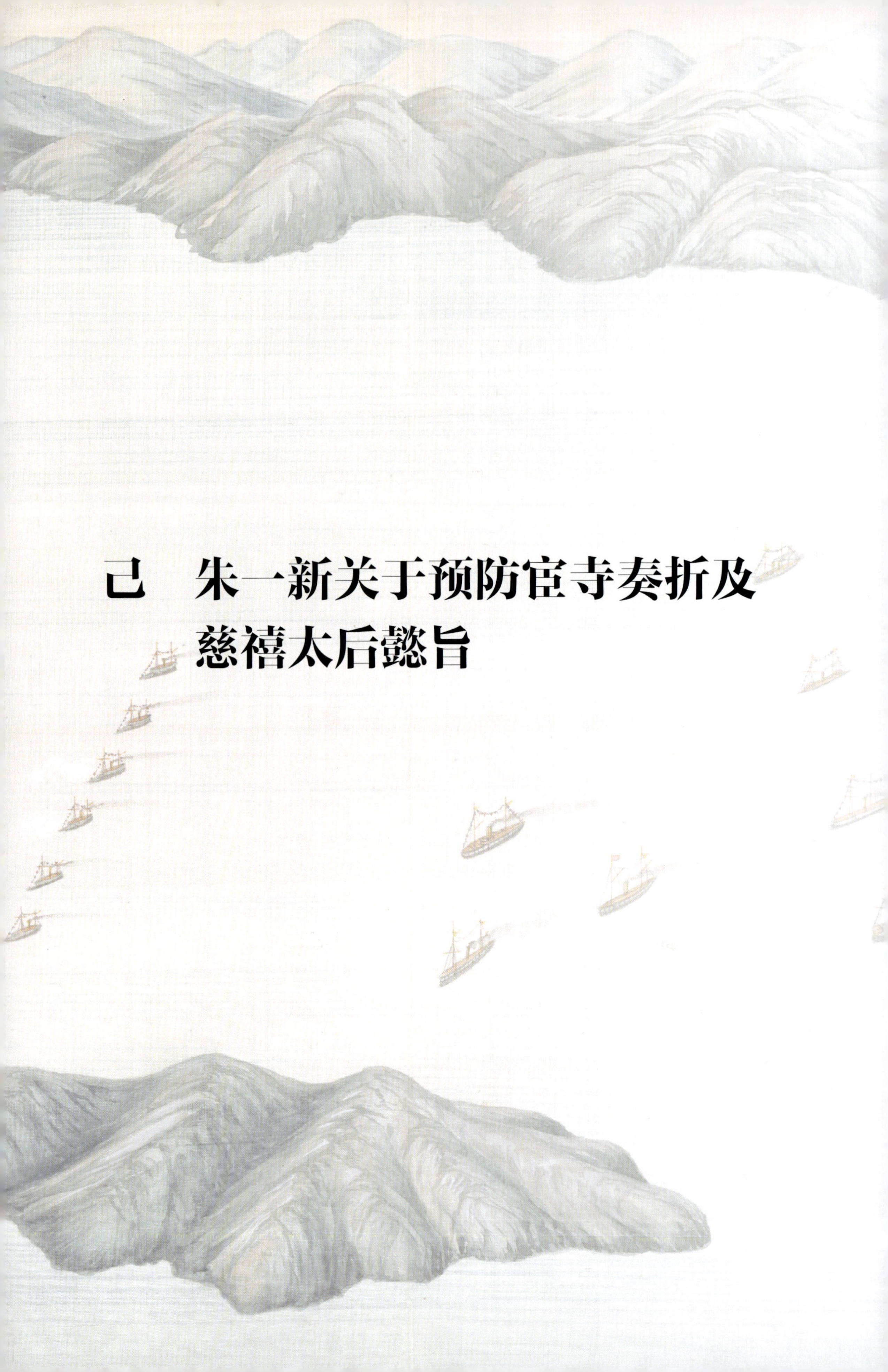

己　朱一新关于预防宦寺奏折及慈禧太后懿旨

御史朱一新奏预防宦寺流弊疏

光绪十二年八月二十四日

……今夏巡阅海军之役，闻有太监李连英者随至天津，道路哗传，士庶骇愕。意深宫或别有不得已之苦衷，匪外廷所能喻。然宗藩至戚，阅军大典，而令刑余之辈厕乎其间，将何以诘戎兵而崇体制？矧作法于凉，其弊犹贪，唐之监军，岂其本意，积渐者然也。圣朝法制修明，万无虑此，而涓涓弗塞，流弊且不可胜言。杜渐防微，固圣明所宜垂意者矣。

《清末海军史料》，第260页

命朱一新明白回奏所参李连英随阅北洋海口事懿旨

光绪十二年八月二十五日

钦奉慈禧端佑康颐昭豫庄诚皇太后懿旨：前于四月间，派醇亲王奕谖巡阅北洋海口，因该亲王远涉风涛，实深眷念，皇帝亦时切廑系。故于召见时谕知，欲派宫监带领御医全顺随往，以时调护。当据该亲王面称："总管太监李连英，人极谨饬，请派随往。"迨回京时，召见该亲王询以李连英有无招摇情事。据称："该总管太监沿途小心伺应，均与府中随往太监无异，绝无丝毫干预外事。"兹据御史朱一新奏遇灾修省、预防宦寺流弊一折，意以李连英随该亲王前往，恐蹈唐代监军覆辙。危词耸听，已属拟不于伦。又谓近来各省水灾，朝廷不无过举，未能感召天和，一若因此一事竟致咎征，尤属附会不经。我朝优礼近支亲藩，宫廷太监赍送往来，系属常有之事。此次该亲王巡阅洋面，迥非寻常差使可比，特派太监带同御医随行，尤系深宫眷注体恤之意，于公事毫无干涉。该御史既未悉内廷规制，又复砌词牵引，语多支离，姑置勿论。惟所称“李连英随至天津，道路哗传，士庶骇愕”，与该亲王面奏各语大相径庭，是否确有实据？又称“深宫或别有不得已之苦衷”，语意尤不可解。以上两节，著朱一新明白回奏，不得稍涉含混。

另片奏，“出治之原，莫先无逸；图治之要，莫切求言”等语。自垂帘听政以来，二十余年无时无事不以国计民生为念。忧勤惕厉，惟日孜孜，从未敢稍自暇逸，此天下臣民所共见。至言官条奏事件，无不虚衷采择。惟言之用否，总以是非为衡。其是者，固必立见施行。即或摭拾浮词，无关紧要，但使其心无他，亦可存而不论。至于托名忠谠，肆口妄言，或植党营私，或违道干誉，若不予以惩儆，必至颠倒是非，紊乱朝政。况现在言路并无阻塞，即因陈奏失当获咎之员，朝廷宽大为怀，亦多宥其既往，酌量录用。总之，听言行政，悉秉大公。正不在屡下诏书，徒饰观听也。该御史所请明降谕旨之处，应毋庸议。

《清德宗起居注》卷二八，光绪十二年八月二十五日

朱一新回奏疏

光绪十二年八月二十七日

窃臣钦奉懿旨：前于四月间令醇亲王奕譞巡阅北洋海口，至不得稍涉含混等因，钦此。臣窃维本朝二百余年家法相承，严驭宦寺，我皇太后亦既灼知之而力行之，成案固昭昭可考。而今乃令该太监随行者，意以醇亲王整顿海军，势不能不遣之巡阅，而位尊望重，遽令涉历海洋，于圣心不无踌躇。因令该太监随行，以示体恤而昭慎重，此臣所谓不得已之苦衷。盖与懿旨所述之意，幸未相远。

臣详稽前史，见驭宦寺者稍或不慎，流弊多端，虽过恶未彰，固不得不为杜渐防微之计。而措词未能明晰，以致索解无从，斯则臣书生迂拘之过已。至于内监赍送，固优礼近属之常经；巡阅海师，实经武整军之大典。今亲藩远涉，内侍随行，在朝廷为曲体宗亲，在臣庶则以为创见，群情过虑，不免惊疑。风闻北洋大臣曾以座船迎醇亲王，王弗受也，该太监遂乘之。沿途办差者误谓王舟已至，骇人观听，众口喧传。臣恐事或失真，未敢遽尘圣听；第念该太监一不谨慎，流弊遂已至斯，万一踵之以行，为害何可胜道？臣所为反复思维而不能已于言也。所有微臣明白回奏之处，恭折具陈。伏乞皇太后圣鉴。谨奏。

《清末海军史料》，第261—262页

命朱一新以主事降补懿旨

光绪十二年八月二十八日

钦奉慈禧端佑康颐昭豫庄诚皇太后懿旨：御史朱一新明白回奏一折，据称前奏"不得已之苦衷"一语，即系仰测深宫体恤醇亲王，因令宫监随行之意。至"李连英随往天津，道路哗传，士庶骇愕"一节，风闻醇亲王不受北洋所派座船，该太监遂乘之；沿途办差者误谓王舟，骇人观听；该太监一不详慎，流弊遂已至斯等语。因召见醇亲王奕譞面询。据称：由通至津，李鸿章派来座船一只，该亲王乘坐。又备船一只，系护卫等乘坐。李连英与随行府中太监等所乘系常船数只。其伙食船只系李鸿章出资预备，派令随行，并无沿途地方办差之人，亦无误认之事。是该御史风闻不实，确无疑义。我朝优待谏臣，广开言路，凡前代秕政，悉就蠲除。朱一新所奏如仅止李连英一人之事，无论如何诬枉，断不因宫监而加罪言官。惟该御史既料及内侍随行系深宫体恤之意，何以又目为朝廷过举，且当时并不陈奏，迨事过数月，忽牵引水灾，砌词妄渎，于垂帘以来救灾恤民有加无已至意，全无体会；应如何补救民艰，亦无建白，徒以虚诞之辞，希图耸听。一加诘问，自知词穷，辄以书生迂拘，强为解免。是其才识执谬，实不足胜献替之任。朱一新著以主事降补，其前次片奏留中两次折件，均著掷还。嗣后近支亲藩遇有外差，内廷派令御前总管太监等随行，绝不干预公事，外廷臣工不必妄生疑议。至诸臣陈奏事件，总应专就本事，剀切敷陈。若仅取快词锋，不顾事理，势必藉端立说，以遂其倾轧之私。即如从前茂林、庆林侵占官地，本有应得之罪。而余上华参折牵入“祷雨无灵”，张佩纶谓朝廷慰留王文韶“是日即至地震”。彼时从宽，未加责饬，以致相习成风，至今未已。殊与整饬纪纲、实事求是之意大相剌谬。此后各省偶遇偏灾，或民隐不能上达，或膏泽未能下逮，以及不肖官吏种种弊端，均当切实上陈，以副兼听并观之意。至朝政或有阙遗，及臣工确有过失，均著就本事立时论奏。倘于事后挟私臆测，附会灾祥，除原奏不准行外，定必加以惩处，以为妄言者戒。将此通谕内外大小臣工知之。

《清德宗起居注》卷二八，光绪十二年八月二十八日

慈禧太后坐像，1904年，故宫博物院藏

庚　醇亲王巡阅北洋海防期间与李鸿章通信

醇亲王致李鸿章

光绪十二年三月十七日

……此次赴津，善都护、恩总办暨随带司事各员均于四月初十日由京前往。王拟于十一日由京启行。抵津后再面定如何分日阅看各项。至水陆操图，事关呈览，务希饬早备齐为妥。……

《海军衙门函稿》第1册，第33页

李鸿章致醇亲王，议划扣专款并阅操日期[1]

光绪十二年三月二十四日

……承示驺从行期，谨已聆悉。四月初十以前，遵即派员带领座船、舢板、炮船前赴通州守候迎迓，并派小火轮驶往拖带。初夏水涸，通州至河西务淤浅尤甚，大船难行，座船既小，仅有一小轮可至通河，均系弁兵驾驶，可以日夜趱行，十三日必可抵津。昨由厚斋都护寄示殿下启程日期及逐日办事一单，内开十五日赴旅顺口，十六日阅看炮台及水操、船坞等因。查大沽至旅顺水程六百余里，十五出沽口后若须上铁舰验看，须耽搁半日，计十六午前到

1 本函为李鸿章致醇亲工的回信，《李文忠公全书》列为“海军函稿”，见卷 ，第20页，即为“致醇亲王”。安徽教育出版社《李鸿章全集》将标题改为“致总署”有误。

旅，恐未能即日阅操。若于次日周履各处炮台及船坞，校阅海军演试鱼雷艇，事端甚繁，似非一日所能了；且天气阴晴，风涛变幻，亦难预定，似须略展日期，方可从容周览。容俟殿下莅津，临时再禀商一切。水陆操图及坞工全图已遵饬预备，届时当逐一呈览，以便察核上陈。

《李鸿章全集》第34册，第21—22页

李鸿章致醇亲王

光绪十二年五月初二日

敬肃者：叩送行旌，驰慕无既。闻二十九日平顺抵京，天颜有喜，曷任钦颂。命书折扇，谨题二律奉呈，诗劣字荒，不足当方家噱为愧。又，曾文正公照像并洋式桌一具，因便送上，伏希察收。……

丙戌四月随醇邸巡阅北洋率成应教

雕弓玉节出天阊，士女如山拥绣裳。
照海旌旗摇电影，切云戈槊耀荣光。
佽飞禁旅严千帐，罗拜夷酋列几行。
德协谦尊齐赞颂，力辞黄屋福威扬。

万千气象蜃楼高，忽地齐烟涌六鳌。
慈佛护持看献瑞，仙舟共济敢辞劳。
自怜坚壁心偏苦，却愧屯田诏屡褒。
无限临歧依恋意，漫吟潭水答云璈。廿五日送至北运河桃花口而返，蒙诵太白桃潭千尺之句以为别。

《李鸿章全集》第34册，第28页；《海军衙门函稿》第1册，第34—35页

醇亲王致李鸿章

光绪十二年五月十日发，十三日到

和诗

岂学烟波稳放闾，直如仙路咏鳞裳。
从滋舟楫期同济，自昔邦家藉有光。
立雪情联瞻雅度，投醪才绌愧戎行。
后生崛起知谁健，勉继勋猷我武扬。各堂学生颖悟者多，相国甚期望之。

放怀碧海接天高，知是骖鸾抑驾鳌。
最喜貔貅皆赳赳，漫疑鹈鲽各劳劳。
藩篱势固神京拱，节钺功深圣母褒。
自问清人独何幸，蜃楼看罢听仙璈。

赋诗书箑，欣敢奚如。勉步二章，聊酬厚谊。余详佳电，不赘奉复。即候荩祉，并贺午禧。

《海军衙门函稿》第1册，第35—36页

醇亲王致李鸿章

光绪十二年五月初五日发，初八日到

津门于役，快聚逾旬，藉悉荩虑之殷肫，军容之严整，观摩有资，欣佩无既。辰维政祉，聿隆勋猷，懋介为颂。

王于四月二十九抵京，五月初一日覆命，所上折片均奉懿旨允行。当另备公牍，咨达冰案矣。初一日，由军机处交出许竹筼星使条奏抄折一件，钦奉懿旨一道，展读原奏，所陈固内防、展水线、均炮位、设屯埠，利弊井然。现值初练海军，诸赖旁求博采，以期美善。彼之议论如此，我之办法如何，互考参

于无术。窃计目前办法，宜在外购料而自我举工，宜就小者试为，而后及于大者。福建船厂造巡海快船，均系铁胁木板。现在外国新制均用钢铁，以取轻利。船之下舱另覆钢板，以护汽机。近时又有穹面之式。宜令嗣后改造新式，其钢板、片、角条等料仍暂在外洋购买，无庸自制。其铁甲宜用康邦式，应暂与船料一并购买。北洋前年在德厂购造鱼雷艇数号，系令拆运到华，雇洋匠合拢，颇省运费。若仿式自制，当更简便。该艇汽机精巧，如厂匠未能猝办，应订定速率，暂在洋厂包造。至快船、铁甲船所用汽机如轮、轴、曲拐等件，洋厂皆非一一自制。试造之始，如遇厂内机器不及应用者，亦可酌量购买。此扩充造船之大概也。上海机器局曾仿阿姆斯脱郎式造铁箍钢管前膛大炮，金陵局曾用熟铁仿造克虏伯式后膛小炮。此类炮式，外洋均已停造，是各局造炮，亦须仿制纯钢后膛方能得力。查克虏伯自炼罐钢既秘为独得，即他厂所用西门士与别色麻钢亦难骤精。其法应就英、法名厂定购钢料，先造克虏伯式十生的以内后膛小炮，必俟所造确有成效，再造十二、十五生的等炮，再推及二十一生的以上之炮。此扩充造炮之大概也。至刷次考甫之鱼雷、哈乞开司之五管炮，及乌哈戚育司式之钢铜炮各种，或工细而繁，或需用非亟，均暂无庸自制，庶免骛博不精之失。

一，山东之胶州湾宜及时相度为海军屯埠也。

外国屯扎水师，必不与通商之埠同在一口，则有事封港，无所牵掣。其规择形胜，必取外口严密，内澳深广，盖先令我之师船屯藏安固，乃可蓄锐以击敌船，兵法所谓自立于不败者也。西国兵船测量中国海岸，无处不达，每艳称胶州一湾为屯船第一善埠。该处为大小沽河、胶莱南河会流入海之处，前明于此设立卫所，东曰浮山所，西曰灵山卫，以资控扼。其外群山环抱，口门狭仅三四里，口内有岛中峙，实为天然门户。周湾之地约数十里，水深八九拓至四拓不等。当烟台未开口岸时，航海商舶凑集颇盛，本非散地荒陬可比。且地当南北洋之中，上顾旅顺，下趋江浙，均一二日可达。若酌抽北洋、江南海军合以山东一军扎聚大枝，则敌舰畏我截其后路，必不敢轻犯北洋，尤可为畿疆外蔽。其胶莱南河与北河海口通连，元时海运曾由此取道，避成山大洋之险。将来浚治淤浅，使雷艇、小轮船在内通行，则与直隶海面号令策应更为灵捷。溯自浙之温州以北，至于青齐滨海各处，非口门坦漫，即港路浅狭。惟该湾形势完善，又居冲要，似为地利之所必争。应请渐次经营，期于十年而成巨镇。

《许景澄集》第1册，第20—24页

李鸿章复醇亲王

光绪十二年五月二十二日

连奉十四、十八日钧示，敬审起居万福为慰。前呈茶果时物，猥蒙齿及，弥益感惭。恭阅照相三纸，惟妙惟肖，较在津所照更胜，谨装潢什袭，一悬海光寺壁间，留镇山门；其两阿哥及阿克东阿侍侧者则分置座右，常亲瞻对，敬谢曷任。……

《李鸿章全集》第34册，第32页

醇亲王致李鸿章

光绪十二年五月二十六日

二十四日得读手复，备悉一是。海光寺留一三人画相，前经面商，望饬能画者，按照相摹绘，即交寺僧，俾传佳话。拙作抄录将竣，行当续寄。

二十五日接军字九号来函，款项左支右吾，与王同一焦急。海署存款难动之故，已具公牍，若照函称各节，将来八十万之难，更倍于目前，奈何奈何！刻下海绪除筹措十一万外，又续报措借三十万，以之还尊处垫款，其数恰符。第汇丰银行须至六月中旬始能备齐，而三海工程处款项早经分发一空，刻下工匠之居奇，商人之乞款，哓哓盈耳，莫可如何。踌躇再四，只得先由海署存款如数借拨工程处，尊处三十万仍留为购船之费，海绪新借之银，或即还署，或再融均，由王随时酌度，请旨遵办。惟八十万之说，务望宏才助理，勿专苦人所难为幸。本署李希莲请奖等事，原定于二十八具奏，今有此事，拟迟二三日，俟复函示以可否，如此办理，再一并附陈，以归简易。刻下加俸饷、创海军、东省练兵三大宗，皆不可中辍，皆必需巨款，如地丁、洋药两项办无实效，终有束手之日。此不才夙夜彷徨，无时或释者也。……

再，此次赏号欠发之五千余两，原拟于三十万内扣留，已具咨复。若改办法，即请由将来扣足坞工经费应解京之捐款内扣留，以省承领之劳。如何？

《海军衙门函稿》第1册，第37—39页

李鸿章致海署，筹款竭蹶请展捐限

光绪十二年五月二十九日

奉五月二十六日手示，以三海工程急需三十万，拟先由海署存款内如数借拨，俟粤海关续措三十万解到，扣还署款。其汇丰所存船款，即仍交该行代存，专备船用，并蒙将船款约欠八十万，预行奏明办理等因。仰见酌盈剂虚，兼筹并顾，钦感莫名。惟八十万两以外之数，系二十四日咨函内约略核计，比即电询英、德使馆。二十五六日迭接许景澄电复，约尚需找价二十六万二千镑；刘瑞芬电复，约需找价二十四万五千镑。共合五十万七千镑。目前镑价愈昂，每镑合银四两一二钱不等。统计现存汇丰仅一百零一万余两，计不敷银一百余万两之多，尚不止八十万两。昨又咨询刘、许二使，详开清单，核定具复，并于二十六日分咨钧署及户部在案。如须叙折，乞查照续咨约数为定，庶无舛误。从前议购四快船，本属仿照“济远”价目，每船六十数万两，不料曾、许两使刻意求新，陆续加增，每船意须银八十数万两。但既经与洋厂定议，断无翻悔失信之理。加以船成后雇人驾送来津，每船尚须数万两。倘农部力难多筹，似只有再将海防新捐展限，届时由他处凑拨若干；如有不足，或商之汇丰借垫若干，约岁息七厘，仍由各省捐款拨还。此后船款无措，实不敢轻言添购；若必须添鱼雷快艇，需款无多，可径与妥实洋商订办，以免周折。鸿章目击时艰，稔知殿下暨户部筹画艰窘，但有可助理之处，极应内外协力，惟自愧处此瘠区，用项既繁，设法不易。至钧谕地丁、洋药两项冀添巨款，查现收地丁止有此数，仍须年景丰收方可起色；洋药则各省皆有用项，又须拨还洋债，恐亦未能多提耳。

又，赏号欠发之五千余两，即遵示饬局于捐款内拨还，请毋谨念。

《李鸿章全集》第34册，第36—37页

李鸿章致海署，筹议胶澳

光绪十二年六月十五日

赐函以许星使条奏海军应办事宜钞折交阅，属即评量有无可仿办者，详覆核办等因。仰见集思广益至意，钦佩莫名。鸿章细绎原折所陈大沽口宜设铁甲炮船、铁甲快船，吃水尺寸不宜太浅，铁甲船式宜分别仿制，海军炮位宜用一律，船厂机器局宜由渐扩充五条，大都与现在办法相符。但目前人才、饷力均绌，尚有未能推广之处。至山东胶州湾宜为海军屯埠一节，规画远大，尤关紧要。该处居山东之南海滨，为南北洋适中之地。本年正月杪，曾饬管理鱼雷营刘道含芳带兵轮前往查勘测量，绘图呈览，并具说帖。大致谓口门小于威海，而不如旅顺口之紧固；水比威、旅加深，守土者宜设防，免为外人占踞。若为海军屯埠，如修船坞、设炮台，所费不赀，转运煤粮军需各物道远，则耗费尤重。又地处偏僻，距黑水洋船路尚三百余里，并不能扼断来路，似目前尚难筹办。然许星使折称，西人艳称胶州湾为屯船第一善埠，鸿章亦久闻是说。上年法越衅起，法人屡次声言将由胶州进图北犯，曾奉旨饬东抚筹防，是其地洵称扼要，因饬水师统领丁汝昌同英总兵琅威理带铁舰、快船赴该处，再行详细审度具复，前已函报在案。顷据丁、琅等另具图说呈复各节，均系琅威理之议，所称得海军地利，为南北洋水师总汇之区，与许星使所拟及刘含芳勘度情形大略相同。自来设防之法，先近后远。旅顺与大沽掎角对峙，形胜所在，必须先行下手。俟旅顺防务就绪，如有余力，方可议办距直千三百余里之胶州。但照琅威理等筹画布置，该处须设炮台六座，分筑土垒数处，共需大小后膛炮约四十尊，大小雷艇十二只，鱼雷一百具，浮雷七十个，灯楼数座。另设船坞、机器厂、军械库，暂驻守台陆军六营。既经创设水师，口岸必预备，有事时能战能守。以上各节皆必不可少之事，若非如此布置，亦不足为海军屯埠，约估需费已不下数百万两。在西洋各国创设水师屯埠，关系至重，原不惜此巨款。而北洋目前兵力、饷力实形竭蹶，一旅顺小口，澳坞军库并日而营，至今尚未齐备，断难远顾胶州。许疏内请由南北洋会同经度，南洋船饷更单，来遑远略。东省河患正亟，似尚无暇兼营。惟地利在所必争，若我不先置守，诚恐海上有警，被人占据。虽北窜之路尚远，而肘腋之患颇长，必不得已，可否请旨饬东抚酌拨数营。就琅威理所呈图内南岸陈家岛、北岸坦岛、西岸黄岛各处，分扎营垒，俟筹有的款，再行购炮筑台，逐渐经营。将来南北洋水师添多铁舰、快船，成军后即可在该处会哨驻操，随时择要布置。饷需浩大，事端繁巨，殊非克期可以蒇功。谨将刘含芳及丁汝昌、琅威理先后呈复图折各一分，照钞奉览，用备采择。

《李鸿章全集》第34册，第38—39页

附：刘含芳查勘胶州湾条陈

未具日期

胶州澳居山东之南海，自登州府文登县之威海卫开轮，由西向东六十里至成山。绕山之后，折而向西五百四十余里至胶州澳口。口东青岛高四十七八丈，有市有关，地属即墨，山脉来自劳山。口西陈家岛高三十六七丈，岛前有庙，居民甚少。西南大山起伏，地接琅琊。此外口群山远望之势也。青岛、陈家岛为外口门户，相去八里，中间水深十余丈、八九丈不等。再向内口而行，青岛西角小梅坞，平岗七里，向西直伸，断续相连，直接玉女小岛，岗岛皆低，岗如堤而岛如阜。海外口内，遥遥相见，无可遮蔽。故入口之船必须稍向西行，方进内口。而正西有黄岛高十七八丈，与玉女岛相对，为内口，水势深浅不一，与外口相等。在内口中流四望，则陈家岛又居南，青岛居东，黄岛居西。青、黄东西相距十二里，故外口之水流向东南。此内口之水深山势也。澳内地周百余里，东北皆水，一望无际，西北至胶州百里，东至即墨县九十里。西南多山，间有湾澳，皆属淤滩，宽三五里、十余里不等，向北水深能行大舰之处，仅十二里。以“镇边”炮船吃水九尺，自黄岛向内开行至十八里而止，再远则淤滩愈多而水更浅矣。此西北面之水，虽有十余里能停泊大船，而有事之时，内外相望，无可遮护。向东一面淤滩相等，仅止青岛北面山能屏蔽之处，有深水一条，宽约二里，直通即墨之女沽镇，能行大舰，自三五丈以至十丈者，仅长十里，沿边淤滩暗礁一二三里不等。再东又浅，去女沽镇尚有十五里，可望而不可及。以全澳论之，地虽宽广，而能泊大舰有屏蔽之处，仅此青岛北面深水一条，宽约二里，长仅十里。此全澳之水势也。

合山水之势论之，则口门小于威海，而不如旅顺口门之紧固，而水比威、旅加深。守土者宜设防于此，庶有事之时可以杜外人占为立足之地。然口门三岛、左右山凹，台炮之费已属不少，而青岛之东、陈家岛之西，山势过狭，各有数处能由海外登岸抄入，其布置之饷力诚非易事。若以目前水师口岸而论，其事之难者更有数端：水师口岸以修船之坞、供船之煤最为要务，而煤为尤重。无坞则船不能修，无煤则船不能行。修坞作厂之费，固已非小款，而砖瓦木料就地无可取材。砖瓦尚可设法造窑，木料则隔海远运于奉省之东沟。即以上岸码头而论，自岸以至大舰能泊之处，长须二里，费亦不赀。此皆一成而不再用之费。使饷力充足，犹可以人力施之，不过事难多费而已。至于常用之煤斤，兵马之刍粮，日所必需不容缺乏者也。近日天津之煤出大沽口，运旅顺五百七十余里，运胶州则一千二百四五十里，是军需各物水道运程无故而加至一倍半之多，终年日用之常，其暗耗者，积少成多，其数岂可限量？此转运之事终年暗耗之病也。论者谓莱州潍县产煤，足可供用，是又画饼充饥之说。胶州城去潍县二百四五十里，上游虽有胶莱河，不常有水，即有佳煤，旱道何以运取？再以胶城至口百里，水浅处八十余里，只能以数百石之民船驳运，水陆展转，运价又当几何？况潍县煤产只见浮面，未考其下之多寡精粗，岂非画饼之谓乎。国家帑项艰难之时，疆臣事事求其节省，尚或时虑不继，岂可再开暗耗之门？此平时费力耗饷之大端略举而论之耳。以兵力而论，北洋之船现仅十余艘，自顾十四岛，旅顺、烟、威之门户，尚虑船单，即将来添至三十艘，亦不足分驻其地。盖其地僻处海角，去成山五百余里，又去黑水洋行船正道三百余里，轮船来往，百里外不见其烟，况数百里之外乎？设或一朝有事，如敌船由黑水洋北驶，胶澳尚未知觉，此口地势之偏僻，断非目前之兵力、饷力所宜用也。此管窥蠡测，就其所见及者缕陈之。是否有当，伏乞钧裁，

《李鸿章全集》第34册，第39—40页

附：丁汝昌、琅威理布置胶澳说帖

光绪十二年五月二十六日

为呈复事。窃照本年五月十一日，蒙宪台电谕胶州湾是否宜作水师口岸，如何布置，约估需陆军几何，经费若干，望至彼处详细勘度速复等因。奉此，总兵等已于五月二十六日带领各船驶抵胶州湾，当即饬令各管带将澳内水深丈尺详细测量，与西洋海图原载尺寸略有变更，并将该口应行设防布置之处详细勘度，摹绘图幅，注明各节，另具图说，一并备文呈请宪台察核。

计呈胶州澳图一幅、说帖一折。

《李鸿章全集》第34册，第35页

附：琅威理布置胶澳说帖

未具日期

谨按山东胶州澳在芝罘之北经三十六度三分，东纬一百二十度十四分，地气和平，口外东边山势崔嵬，无沙石之险，大小船只可以离岸百码行驶无虞。口门环抱，外口以陈家岛为南，青岛为北，偏东取准约八里，又以陈家岛为南，坦岛为北，取准约六里，为此口至狭之处。内口以黄岛为西，坦岛为东，取准约七里，澳内水面广大如湖，虽水之深浅不一，可以按船之吃水之尺寸分别行驶驻泊，即比之欧洲最盛之水师两军之船均可容泊。澳中东北一带，内不见外，西南近黄岛一带，内外略露，有事时船可尽泊澳内，东边大山可以屏蔽。由外口驶进，过陈家岛正西偏南有暗虎石，湖涸略露。转进内口，近坦岛之北偏东有浪汤石，湖涸亦见，均无碍于船之行止。内外口无论潮之涨落，吃水最深之船可以随时出进，实为海军之地利、南北洋水师总汇之区也。除摹绘胶州澳图，注明水尺、礁沙、岛口名目外，应将布置各节详细开呈于左：

一，口门外口南岸陈家岛宜设炮台三座：一在张驼山，一在佐壁，一在凤凰山。北岸宜设炮台二座：一在小梅洼，一在坦岛。内口西岸黄岛宜设炮台一座。均用三合土建筑，炮台宜小，工料要坚，每台应配置七百磅子至八百磅子后膛大炮三尊。如即开办，可先筑图上画方圈者四处，圆圈者两处可缓办。若从省或先筑土垒，每一炮台改为三垒，每垒置大炮一尊，似非长策。

一，陈家岛内之南湾地甚潜密，可以藏伏雷艇，进退便速。该处岸边坡而不陡，可以设立存储雷艇之所，约需大小雷艇十二只，鱼雷酌配。

一，口门两边各山岛近海边过狭处宜分筑小土垒，配置机炮、快炮各约二十尊，以防小船近攻。惟各土垒宜在大炮台相近山过狭处安置。

一，陈家岛东海边山嘴，照图上红点处宜设二等灯楼一座，以便夜间行船。此灯自东偏南一字，自南偏东二字，其色须红，灯光约照十海里外。又自北偏东五字，自东偏北一字，其灯色亦须红，以照口内暗虎石。其余各灯向皆白色，口门诸处均可洞照。

一，口门水溜甚急，宜专设浮雷，约七十个可敷堵御。

一，口门两岸并黄岛一带寻常须驻陆军六营，择要分布，兼守各炮台，操演炮位。有事时须添派六营，为两岸游击之师。

一，坞厂军库，现审度澳内阴岛可以安设，应由办工人择定地势，方可合宜。水浅处宜设长码头。

一，煤为水师大宗，亦应预为筹画。探闻潍县马司庄有民人开挖，距胶二百余里，其煤质之精粗、煤苗之多寡，未能遥度。如设水师口岸，应先派矿师前往试验。

一，距澳三十里灵山卫出砖瓦，距澳百里张坝出石灰，至石条、石块可就地开凿。惟木料附近无产处，须由关东、江南运来。

一，粮草食物并船上需用草麻子车油、花生油等项，胶地均不昂贵。

一，以上布置所需鱼雷艇、鱼雷及守口浮雷，各项炮位、军械等件购价，应由军械总局估计；炮台、坞厂、军库各工程经费，应由海防工程局估计；灯塔造费应由海关营造司估计。照以上布置有成，以后每年需饷项经费若干，应由海防支应局核计。

一，如照以上布置，若敌人来犯，不能得利。

《李鸿章全集》第34册，第35—36页

李鸿章致海署，议复朱一新条陈

光绪十二年六月十五日

钞寄御史朱一新条陈海军折件，属即核复等因。查该御史所陈胶州设重镇一条与许奏相同，前函已详晰剖论，勿庸再赘。惟称旅顺非战守善地，又云其地锁钥北洋，屏藩辽沈，未容置为缓图。诚如尊示，矛盾其词。所云旅顺六病亦未尽确。

一，口门狭，则我能出而敌不易入，转觉紧固易守。敌船封堵与否，本不系口门之宽窄。

二，疏浚淤浅费帑，凡水师屯埠，不论大小，未有不须疏浚，即未有不费帑者。

三，口外亦有浅滩暗礁，不尽陡岸，敌虽有可登陆之处，要在防守严密。

四，各炮台皆有巨炮，交互夹击，敌船炸弹有山遮蔽，内埠不致大损。

五，无内河通腹地，固无如何，有事时须预集陆军援护。

六，大连湾距旅尚远，金州后路暂有毅军分防，临时仍应添兵，彼不过欲先固胶州，故为抑扬失当之论。殊不知胶距天津一千三百余里，实属鞭长莫及，且胶澳僻在登莱背后，距黑水洋至成山头行船正道尚三百余里，敌船可扬舲直北，不必旁趋。若以全力营胶州而置旅顺于不顾，彼谓堂奥得以晏如者，实未敢信。书生逞臆妄谈，无足怪也。

又，闽粤宜添水陆学堂，永停出洋肄业一条。福州船政之兴二十年来，驾驶、管轮学堂英材辈出。现南北管驾兵船者，闽厂学生居多，以其稍知门径，较卤莽灭裂者差胜，学有技艺，加以历练，则胆勇自壮。若专取胆勇而无技艺，必至如福建管驾“横海”新船之忻成发，一出海便失事矣。粤省拟创设学堂而未成，应请饬该督抚迅速设法兴办。至谓天津学堂章程可观，奉行不力，习业之时甚暂，嬉游之事恒多。鸿章督令道员吕耀斗、杨宗濂等，分管水师、陆军学堂，逐日躬亲查察，规矩实甚严肃，并无舍业嘻游情事，此日前钧驾在津所目击者。惟有严饬提调、教习各员益加勤慎管束，勿稍怠荒，以弭谗慝之口。至谓出洋学生多染夷风，甚或私习洋教，尤非笃论。查派遣出洋学艺，同治九、十年间，曾文正首倡斯论，欲使西人长技中国皆能谙悉，然后可图自强。同治十二年，沈文肃葆桢在船政任内奏明，遣学生分赴英、法，深究其造船、驶船之方，推陈出新，制胜之理。曾、沈二公皆阅历老成，谋国深远，所见岂在朱一新之下。盖西法精奥，非赴其学院、船厂及大兵船随班课习，不能深造。近年自西洋学成回者，制造、驾驶间有心得，倘若拔十得五，才不敷用。今欲扩充海军，添置船炮，而先停其出洋肄业之途，必致有船而无人可用，因噎废食，断无是理。陆军学生本无庸出洋，水师则西人绝技，须先在学堂课以测算，再遣出洋精习数年，乃冀有成。夫海防根本，首在育才，天下各国皆然。日本蕞尔小邦，岁遣聪颖子弟数百人分赴西国学艺，近年水师整练，颇与西人抗行。中国欲求自强而自封其途，此陋儒一孔之见也。至染夷风、习洋教，目前尚无其人。惟在出使大臣及出洋监督等随时督责训戒，则流弊自少。

又，购买船炮责成曾纪泽核实经理一条，上年英厂订造快船二艘，即由曾纪泽经办。每只需银八十余万，视李凤苞前在德厂购“济远”钢甲快船价六十余万尚有过之，优劣本无定论。现各省购办外洋枪炮，业经总理衙门奏令出使大臣就近采访经理，自可杜弊，所请应无庸议。

又，海军衙门宜仿总署之例，额设满汉章京一条，此事应由殿下察核主政。所称取士于京师不如取士于天下之大，似尚有见，是必选派熟悉各国海军规制情形者方可得力，若如总署额设章京，满汉正途出身皆由考试，即不重小楷亦未必能通达时事也。

谨据管见所及，据实胪陈，是否有当，敬乞酌裁复奏为幸。

《李鸿章全集》第34册，第41—42页

附：陕西道监察御史朱一新敬陈海军事宜疏

光绪十二年六月初八日

窃臣伏读五月初一日懿旨，以物色将才，认真练习，谆谆训谕，反复周详，仰见慎重海防、实事求是之至意。微臣管窥所及，庸备刍荛，不揣梼昧，敬为皇太后、皇上陈之。

非合群策群力无以挫外夷之凶焰而折其谋，而其端则必自海军始。矧会办、帮办诸大臣，固已满汉并用矣。似宜仿总署成例，额设章京若干员，俾满汉正途出身者皆得由考试进第。须略变旧法，毋取浮辞，毋重小楷，必以通达时事、学有本源者为合格，斯士争自奋，或亦造就人才之一端也。……

《佩弦斋文存·卷首》第19—21页

李鸿章复醇亲王，请醇邸主持海军

光绪十二年六月十五日

承钞示《航海吟草》，指事叙情，历历如绘，将来刊入大集，俾鸿章辈得附骥尾以留名，实为三生之幸。《田盘纪游》诸作，如入武夷胜境，令人有天际真人之想，不独格律气韵跨越三唐已也。谨当什袭珍藏，传诸不朽，拜惠何涯。

海军事宜一时猝难就绪，全赖殿下深明机要，大力主持，可以逐渐经画。昨读初十日懿旨，亲政在迩，将复旧制。窃虑撤帘之后，殿下势将引嫌辞逊。目今时势多艰，解事者少，任事之人尤少，设局外群言庞杂，多方挠惑，徒令掣肘寒心。连日筹思大局，寝食俱废。鸿章受恩深重，与国家谊同休戚，属在外吏，未敢冒昧进言，不知有无权宜尽善之方，耿耿寸衷，徒殷杞抱。夙叨挚爱，知无不言，想殿下亦未忍恝然也。

《李鸿章全集》第34册，第42页

醇亲王致李鸿章

未具日期

首夏之役，诗题多而诗思涩，兼以疾趋，自无善步，重承齿及，抱惭曷极。近事彷徨九日，一旦获安，实天下臣民之福，遥想荩怀，必极慰悦。弟不才，兵柄谬膺，心长才绌，全赖硕画宏远，匡我不逮。朱疏耳食太多，隐为黄疏之继，必当逐条细按，署拟尚略，故手拟一稿寄阅，请酌。

《李鸿章全集》第34册，第43页

醇亲王致李鸿章

光绪十二年八月初六日

再，《航海吟草》一时兴到之言，本不足存。或以付刊为劝，遂酌易字句（如卢杞猴子之类近于戏谑，皆改之），与濒行三首，和大著二首，和孙莱山海市一首，俱付手民，容日寄览。前承惠荔枝，都中极为珍贵，宝相国长乐初屡有吟咏，兹录和作，祈政聊博一灿。又及。

《海军衙门函稿》第2册，第15页

李鸿章致醇亲王

光绪十二年八月十二日

再，大著《航海吟草》卓然可传，允亿付刊梨枣。承抄示和荔枝诸作，再接再厉，才思横溢。想见筹笔余间，有雅歌投壶胜概。鸿章百冗蝟集，愧不能追步元白矣。

《海军衙门函稿》第2册，第16页

醇亲王致李鸿章

光绪十二年九月初三日

……《吟草》刊成，附送览存。

《海军衙门函稿》第2册，第33页

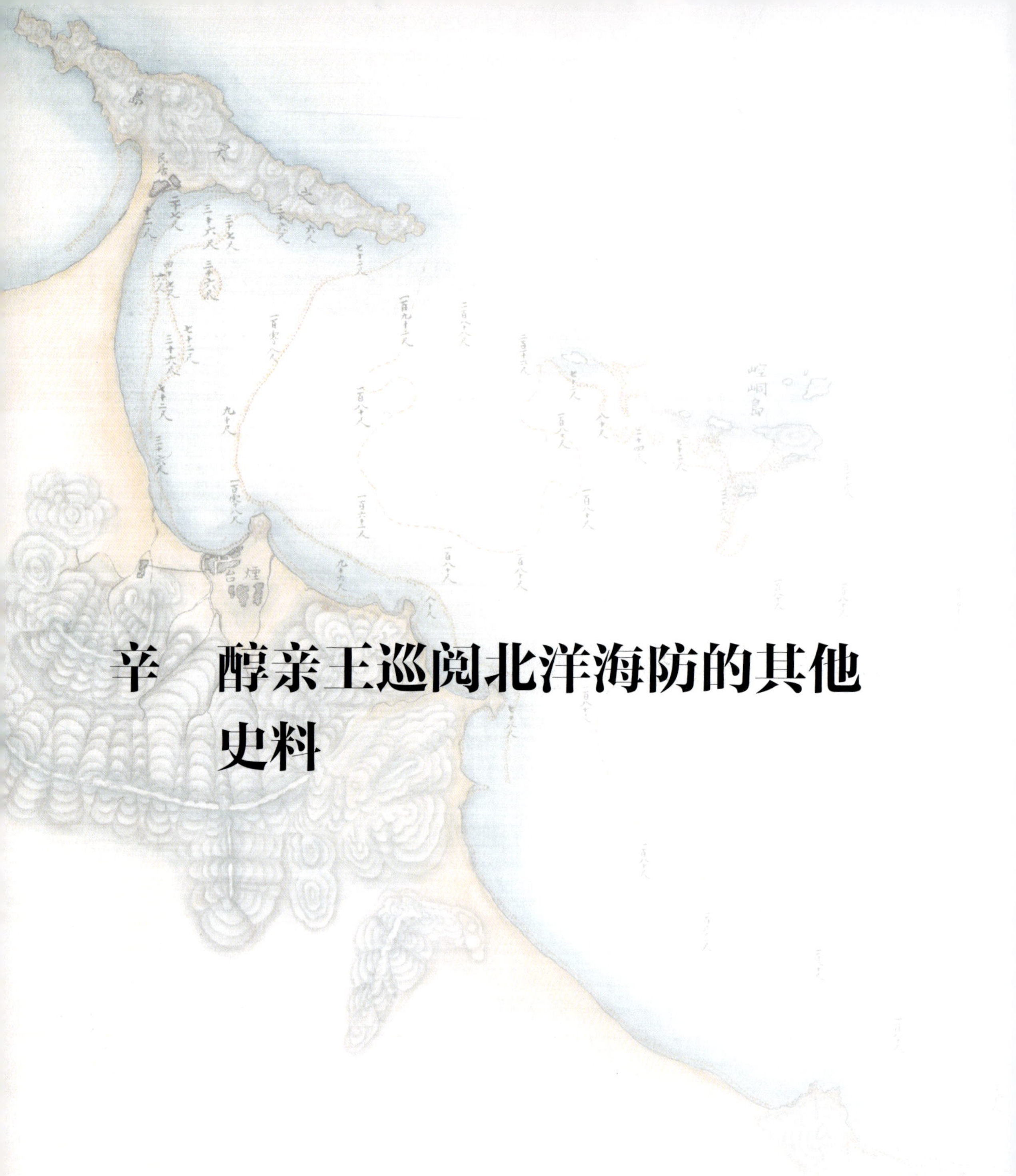

辛　醇亲王巡阅北洋海防的其他史料

李鸿章致张佩纶

光绪十二年三月十三日

……陵差甫毕，又办王差。醇邸四月十一来津，约同赴旅顺、烟台观水陆操，情谊虽隆，而实际颇少。……

《李鸿章全集》第34册，第19—20页

德璀琳为醇王爷来北洋水师洋乐队速教习等事致丁汝昌

光绪十二年三月十七日

本税司奉傅相面谕，将来醇王爷来北洋水师各船时，所有船上各洋员之衣服务须一律整洁，不得参差，嘱转请贵统领与琅威理办理妥商。又，各船之洋乐，近闻不甚娴熟，且乐器间有残损，务饬该洋乐队速赴新城洋教习毕德卫处，嘱其仅一月之内，勤加教习，将乐器修整，等因。饬为函致贵统领查照饬办。

《津海关密档解译》，第188页

丁汝昌致李鸿章

光绪十二年三月二十二日

中堂钧鉴：复量旅澳，须旬日功夫，拟令“定”“镇”“超”“扬”先赴大连湾操，留两船在旅量澳，俟事毕，会齐于湾，结队回威。昌禀。

《丁汝昌集》上册，第263页

李鸿章致张佩纶

光绪十二年三月三十日

……邸有远志，亦尚推诚相待，独于尊事如水投石。辞黄舆不坐，高节可风。闻其进见甚稀，除紧要洋务、军事外，一概不管，故潜邸辈嫉贤忌才之手段得少展舒。……

《李鸿章全集》第34册，第24页

丁汝昌致周馥

光绪十二年四月初七日

上月廿八由沽带同八艘东发，且操且行，廿九到旅顺。初一日由旅顺开往大连湾，逐日合操水阵。初五开回旅顺，初六日晨合旅岸炮台及敝军合操，各船均口门外海面设靶，按炮演放。竣事即西渡，顷已抵沙外，一切均属平顺，差慰远怀。

旅顺布置情形，子九观察有函详达台右。鱼雷阵图，濒行向芗林兄索取，未蒙掷下。想画竣即在旅顺装裱，亦未可知。敝军前由甘、陈誊去阵图，当已由执事会同稷臣监视绘装停妥，纫感良深。第此图册系由执事统数代呈傅相，抑系仍发交敝军分进之处，敬望裁酌示知，俾得遵行。

现以醇邸临阅在迩，所有在沽内外各船，一切应备事件并添装煤斤等事，须亲监视，赶早齐料停妥，俾接差时得以从容将事，庶免陨越。惟事重绪繁，非亲过心目不释于怀。连日贱躯又陡冷陡热，得将要差支持完竣，不蹈丛脞，剥幸甚也。现拟暂不赴津，候王毂莅止敝军。应行仪节及一切事宜，凡卓见所及者，均恳随时先行见示。

《丁汝昌集》上册，第62—63页

丁汝昌致罗丰禄

光绪十二年四月初七日

上月念八由沽率艘东发，由旅而大连湾，会操数日。顷抵沙外，一切均托平敉，足慰绮存。前由甘、陈二公誊去阵图，想已由执事会同郁翁监视绘裱停妥，纫感良深。第此图册系由执事与郁翁代呈傅相，抑系由敝处分进之处，祈商得郁翁见示为叩。所绘阵图，前曾恳除应呈定数外，再多绘一分，寄敝处备考，当蒙允办装竣，祈即掷下为荷。其工料价目，统望笔告。乐童请代制号衣，做成即请点交去弁带回，价值一并见示。再，前会衔遣留德员，禀移各稿底，乞亦检交，乘便携下，以便转行。醇邸临阅在即，所有各船应备各件，非亲过心目不释于怀，刻不暇赴津，所有敝军接差应行各节，凡卓见所及者，敢祈随时示知，切盼、感切！

《丁汝昌集》上册，第63页

丁汝昌致琅威理

光绪十二年四月二十二日

昨在船面定各管驾回船、阁下即来津等语，顷已将各情面禀中堂，谕及转告阁下，现以王爷在津事忙，未能商议各事，请阁下于中历四月二十八九等日来津，得以消停妥议应办各事。各船主候送王爷起节后，即行回船。各船应添煤吨数目，俟该各船具领前来。祈饬各船派妥人到坞过磅，已与船坞言明矣。煤送到船，更望费神招呼，令其从速装卸。再后有要紧事件，自当随时书告。兹派差官来船取应用各件，乘便驰布。

《丁汝昌集》上册，第65页

翁同龢日记

光绪十二年五月初四日日记

谒醇邸，谈六刻，阅海军，意思甚壮也。赠我惠山泉一坛，他物甚伙。

《翁同龢日记》第5册，第2062页

李鸿章致张佩纶

光绪十二年五月初十日

……月前随同往旅顺、威海、烟台，仍循旧辙，曾与邸谈及往事，漠不措意，似须及瓜而代。邸尚推诚倚重，惟于外事实多隔膜，人才贤否不甚分明。自谓赶办海军，俟亲政后当逍遥避世，亦明知枢辅不甚得力，然无进退之力也。……

《李鸿章全集》第34册，第30页

晚年李鸿章，清末，故宫博物院藏

壬　醇亲王等人巡阅北洋海防诗

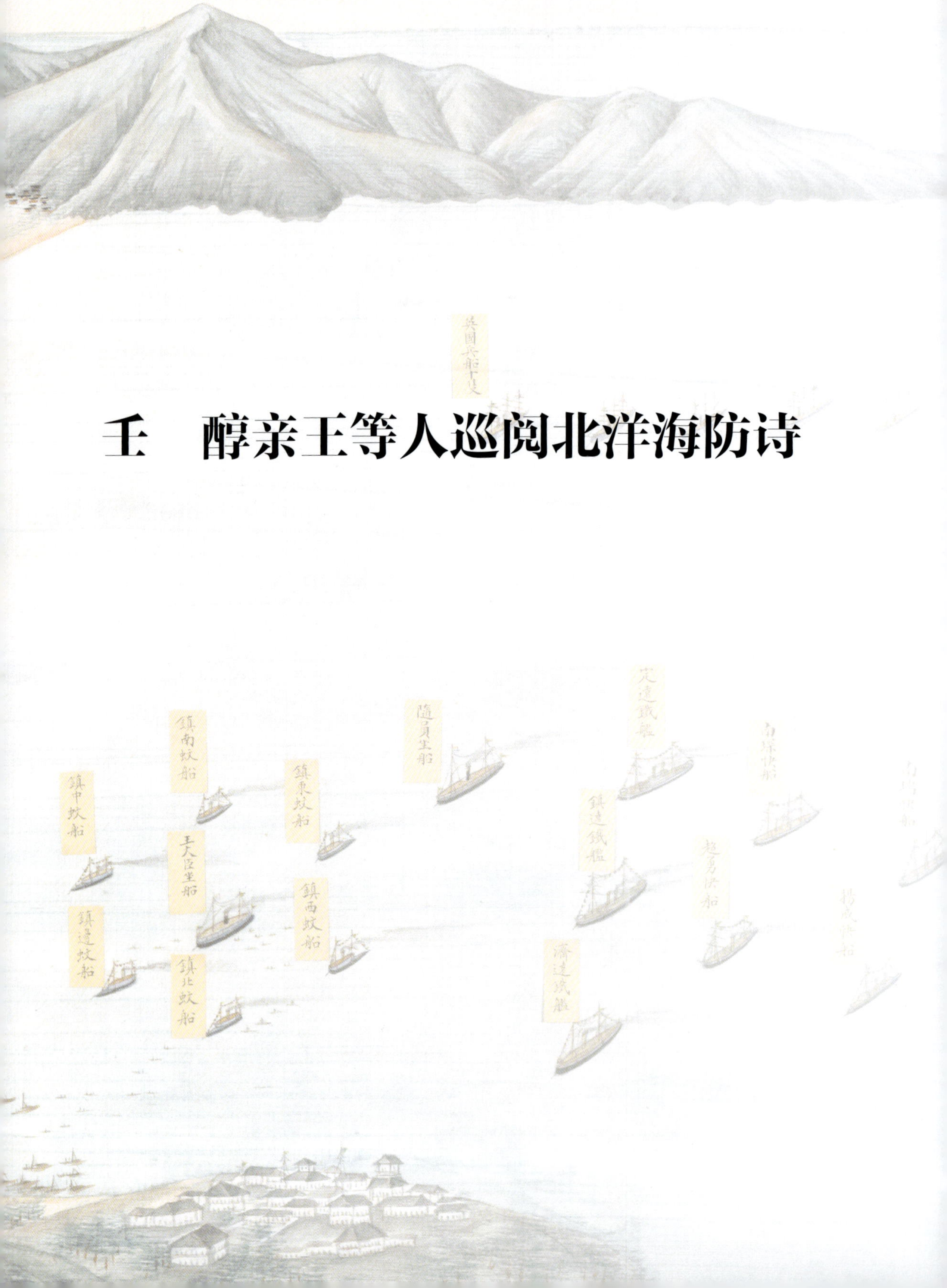

醇亲王《航海吟草》

佩蘅相国赋诗为饯次韵奉答

太息奇锋未易韬，长鲸掀浪接天高。

暂辞北阙云中凤，远驾东瀛岛外鳌。

赤县终期洪化布，碧穹忍视众生劳。

抚时似辟蚕丛路，且置绵皋觅保皋。英师入缅执其王，又洋将某愿为华用，皆近事。

雨中十弟来邸送行，留饮退省斋得句 四月初七日

静观众绿意低徊，冲淖偏劳过访来。

常棣无关今雨感，箕裘难卜异时才。本日洵儿周晬。

将乘海上风千里，且醉花前酒一回。

记取归舟吟竞渡，计端午前可回。杂陈莼鲙侑樽罍。

佩蘅相国过访送行，手录腹稿次韵奉答 启程前夕

蓬壶旧梦证兹游，谓前纪梦事。仙侣云軿萃十洲。连日送行者未能尽晤。

鼙鼓有缘舟落手，海天无际月当头。定于十五日趁潮出海口。

持筹雅伴中书令，合肥爵相。秉节遥怀博望侯。曾劼刚侍郎。

千尺澄潭歌一曲，情高才绌愧难酬。

出都得句 四月十一日

四千余载此神州，文教休明及海陬。

一变遂开天地运，五朝未释庙堂忧。夷使入贡不循仪节，自嘉庆年间始。

梯航纳款谀何济，干羽通诚事不侔。

独惧菲才肩巨任，慈恩稠叠仰宏猷。先是启程有期，蒙赐亲佩护身玉佛、绸缎、银两。初九日请训，诚饬周挚，指授机宜。复赐玉瓶、金如意、玉佩、针凿等件。

通州东关外药王庙马头登舟即事

感慨澄清事尚遥，河梁惭对画旗飘。通永协标队伍迎于八里桥，城中文武候于舟次。

曾瞻玉署文章贵，重话金阊岁月迢。署通永道许钤，身为滇生，尚书子。副将明安任侍卫时为余旧属。

八阵图开钲响竞，双轮雷动浪花骄。炮船十五只，旗绘卦象。余乘“长龙”船，拖以钢板火轮。

一河襟带神犹王，想见津门趁早潮。

夜泛

夜气如秋末，扬舲快若何。

帆斜风力紧，波皱橹声多。

鹢首开襟坐，蟾辉比镜磨。

悠然舷独扣，高咏百东坡。

停泊 在马头村外，是日水程凡九十里，丑初始泊，寅初复行。

机捩筒烟敛，华洋号令参。笳鼓、号炮、洋铜号交作。

结营联舴艋，返辔遣驒骖。天津镇标云字营分扎马队来迎，遣之去。

窗掩天将曙，舟行梦始酣。

雍奴思吊古，醒已过城南。睡醒已行四十余里，香河县久过。

天津机器局以自造小轮船名“仙航”者来迎，乘驶十余里，以各船落后而止，得诗一章 随乘者二品顶戴候补道潘骏德，花翎候选道张翼，统带“长龙”船亲兵花翎副将郑崇义，帮统花翎候补游击江廷秀，本府头等护卫怀他布，护军校衔亲军那尔呼岱，护军校衔包衣护军那穆济勒，六品顶戴包衣护军他尔哈哩，包衣护军阿穆呼朗、庆源、长升、连顺，太监张喜、蔡朵，本船司事二十四人。[1]

未登番舶上仙航，破浪真如一鸟翔。

转瞬武夷经九折，河势如此。回头曲沃失三行。海军衙门文武随员为一帮，神机营亲兵为一帮，本府人众为一帮。

问途遥指红墙庙，王家阪南庙以红名。观麦聊为绿水洋。

行本不劳停更逸，铁栏闲倚待帆樯。

杨村夜泊 是日行二百里，戌正停泊。

烟树笼西务，河西务。田苗绕北村。北蔡村。

水程遥不觉，尘念澹无痕。

系缆笳交作，推窗酒正温。[2]

貔貅劳可念，岸曲立黄昏。神机营马步亲兵、水师亲兵按更轮值，鹄立河干，惜其力而嘉其勤，命稍休息。

行次浦口李少荃相国乘铁龙船 轮船名**来晤，遂同乘轮船至津郡，得诗一首** 按浦口距津水程六十里，自杨村至津九十里。

古渡鹥浮稳，是日微雨风息，舟行颇稳。前林虎啸雄。轮船放气，大者声闻十里外。

台衡伏波概，军律亚夫风。北洋统领徐邦道、黄金志等各率所部来迎。

共济从今始，观兵岂古同。

三义河在望，隔岸炮隆隆。

---

1 本处诗题小注所列人物名称，与本书丙篇收录其人照片的标名有所出入。为体现《航海吟草》原貌，本处一仍其旧。

2 《九思堂诗稿续编》“推窗酒正温”作“推窗酒乍温”。

过天津府城即事

风激飞湍碧溯洄，簪裾遥待济川材。司道等及候补各员迎于马头，轮船体重，回旋数四不能傍岸，易船乃泊。

闾阎辐辏名城拱，壁垒回环上相培。咸丰间僧忠亲王防夷土壘，李相葺而新之。

章武流风闻已久，浮阳古迹考难该。

凭舆愧听黔黎语，得见藩王第二回。自忠王外亲郡王无至津郡者。

海光寺御书楼行礼，恭依乾隆戊申丁亥圣制元韵二首

楼接梵王宫，飞甍照水红。庙外四面皆水。

千秋传敕建，海光寺康熙四十四年建。九拜祝年丰。

清越钟声远，李相置大钟于庙外，镌全部《金刚经》。苍茫海气空。

恩叨章服焕，百战虎臣同。请训日面奉懿旨，阅兵时准穿黄马褂，本日接见提督李长乐、周盛波、唐仁廉、丁汝昌及同事之李、善二公，皆有军功黄马褂。

佛力宏同圣母慈，诘戎航海本无疑。英法两国约以兵船会于烟台。

艰难缔造皇清业，敬溯先猷免胄时。康熙间亲征朔漠，尝置敌使于座右。

海光寺后楼偕少荃中堂、善厚斋都统饭讫散步并观电气灯即事

佛国经声作，官场礼数完。是日接见文武各员，向晦始毕。

酒肴小酬酢，衫履共盘桓。

翠柏依僧舍，黄花簇石栏。花木颇蕃，就中黄月季一种，目所未睹。

漫歌珠胜月，见六朝某歌行。礮礌一镫寒。

东西洋各国领事等十一人来谒得句 法国林椿、安迪，俄国师史，美国巴拉密、毕德格，英国壁利南、禄福里，日本国波多野承五郎、郑永昌，德国连梓及税务司德璀林。

钩辀聒耳萃方言，天限难凭狄相论。

除却科头无理数，孰将断发溯津源。闻法国拿破伦第一以前俗尚辫发，日本改从西服，识者讥之。

将军荣列三貂贵，元老功膺八座尊。接见时余中立，李相、善都统左右立。

重译一场成莞尔，随身竿木样新翻。道员罗丰禄、伍廷芳充通事，余初与洋人接谈，戏及之。

查阅武备学堂即事

兵法有要言，知己须知彼。
运会默转旋，政令随张弛。
侧闻武备堂，专肄殊方技。
又见读书流，抵掌相诟訾。
我忝军幄权，耳食尝为耻。
迢迢来兹土，一一观所以。
滨水起高楼，依窗列长几。
妙选聪颖俦，冠者闲童子。
地理绘山川，天文测度晷。
八埏如观火，五洲似聚米。
亭午令更新，坐者联翩起。
儒服易戎衣，猛气思摩垒。
动若万马奔，立若群峰峙。
炮弹若何施，敌骑若何俟。
部伍戛然收，铅椠研经史。学堂中五经与洋书兼习。
今古与经权，参观相表里。
向疑见异迁，始愧钻故纸。
非设豁达才，无此调燮理。京中论者多不谓然，少荃相国毅然行之。
十年难塞胸，片刻净如洗。

自紫竹林马头偕李相国、善都统同乘“快马” 船名**轮船行六十里换“海晏”轮船赴大沽一律** 水程一百八十里

一区楼阁拟欧洲，紫竹林租界。寄迹浑如缩地游。

人杂华洋屯古渡，观者数万人，学堂洋教习某以洋乐相送。因命洋人来兴克照相二纸。船如鹰隼掠高秋。

柳营旌旆难兄继，芳甸町畦上将留。原任湖南提督周盛传久防新城小站一带，凡开垦、修桥诸善政，靡不力任。故后伊兄盛波接统所部。

欲起九原英魄告，要知贝锦等蜉蝣。盛传尝蒙薏苡之谤。

海口夜泊，月下望海口占

南岸弯环北岸斜，洪涛纵目望无涯。

五台旧绩传千古，炮台凡五，以威、镇、海、门、高为号。咸丰间僧忠亲王筑，议和后久成废址。少荃相国督直，复因其旧而新之，更添营垒为辅。四海他年或一家。

帆影随风轻似鸟，遥望海中数点，如叶如鸟，及进口，皆巨舰也。波光映月荡成花。

楼船振旅吾何敢，聊说张骞犯斗槎。

航海放歌 十五日丑初二刻展轮

我曾游徐无，绝顶峰上头，

登峰更宿峰之楼，下视众山皆培塿，疑是银涛千里翻清秋。

今复跻天桥，轮船凡五层，最高者称天桥。危坐入东海，飘飘心迹真仙宰，

沧波万叠涌艨艟，南北洋八战舰分两翼，余偕李、善两公乘商船居中，随员乘商船随之，六炮船殿后，轮机互激，浪翻十里外。

又疑云烟出没笼崴嵬。

西送月无痕，东瞻日初浴。

除却升沉赤白丸，惟有滉瀁一色连天绿。海水作深碧色，汲而视之仍与常水色同。

仰寥泬，俯幽宫。神不可召，用《吕氏春秋》语义。蠢不可穷。

但学谢安石，悠然云海中。

不学郭璞狂，浪说蹄涔同。

我心先为坡仙得，走笔大书示二客。时李相、善都统同坐。

兹游奇绝冠平生，苏句。一言能抵千行墨。

涯涘渺不见，仙药安可期？

放怀且迈洪流外，看作桑田未变时。

听洋人柯士打尾林按洋琴作歌　“海晏”轮船司事者

啁哳低昂莫可方，笙竽箫管应宫商。洋琴以手按足踏呜呜作响，亦分五音而无琴韵。

怪他异域天骄裔，妙解居然合紫阳。朱子闻钟声便觉把捉不定，尾林所歌乃闻钟有感，率及之。

望海中诸岛口号

巨浸青浮数点螺，榜人遥指话嵯峨。

云中隐约群仙待，海上虚无古迹多。

大小竹山笼宿霭，北南城岛镇洪波。

须臾铁岭横鳌背，铁山为旅顺著名之区。彼岸当前快若何。

进旅顺口各军迎谒，岸畔舟中接见诸统领得句

夹岸长蛇阵式开，訇棱炮火喷层台。各山炮台放炮为礼。

旗翻鸾采雄师萃，衣认鹅黄宿将来。宋提督庆、雷提督正绾、统领黄仕林、吴兆有皆黄马褂。

把袂离情谈鹞首，与雷提督别已逾年。投醪遗意引螺杯。

会看奇正分偏伍，细验韬钤若个才。

馆寓夜坐即事 是日行五百六十里，酉初登岸，宿水师营务处。

借榻登铃阁，奇观次第收。

旌旗殊绘事，绳墨限潮头。

国有群雄势，天开五大洲。壁有各国旗式及海潮消长时日尺丈图，架列外洋诸书。

洛钟应何速，可废致书邮。置西洋德律风一架，可传语十四处。时宋提督已回营盘，试呼与语，如在目前。闻引而申之，能及三百里云。

校阅防营各军一律

两山环拱平场辟，一水横拖怒涨分。

教战惭无孙武法，防秋赖此岳家军。各军号令步伐与李相亲兵队同。

威宣渤海先声计，职卫陪都不世勋。

最是笳鸣旗偃后，万人鹄峙静无闻。

照像得句 粤人梁时泰、洋人来兴克。

衣冠共是军中侣，形貌遥联海上缘。自王大臣至亲兵，凡在事者，人照一相。

勖尔同人须自勉，汉家麟阁冀他年。

晤英国水师提督哈密敦

由来玉帛贵堂堂，莫漫兵车诩擅长。

劳尔迢迢衔国命，为余娓娓话蛮荒。

推诚可必诚能格，作意偏教意转茫。彼统兵舰十艘来会，告以中英须各加精练，永敦和睦，始足保亚欧全局，彼唯唯。

且补当年王会本，从它不胫走重洋。会毕留照一相，余与相国、都统中立，置水师统领丁汝昌于左，哈密敦于右，其余各大员官弁兵丁洋人以次分立。

黄金山顶炮台阅南北洋战舰合操、鱼雷艇轰船及试放电线水雷、八处炮台合演打靶

海门习战迈昆明，骇浪惊烽互搅萦。各战舰烟筒喷若云雾。

一炬灰飞腾赤壁，八方雷奋裂沧瀛。鱼雷重六百斤，百丈外放出，自行水中。试以十余丈旧广艇，一触立碎，波为之浊。各台洋炮自数千斤至三万斤。

星罗势扼关山险，机捩功从掌握成。试放电气水雷三枚，与昨在教场放地雷力同。

绝顶开颜还太息，天心未厌矢人情。

崂嵂嘴炮台试放四万斤克虏卜钢炮打靶　备乘宋提督庆菊花青马[1]

造极登峰兴，追风掣电材。

炮声连邃谷，云气涌层台。

形胜当年据，襟怀此地开。

停鞭呼海客，为徇尔心来。洋人汉纳根承修炮台，此地最所得意。昨固请纡道临视，故及之。

乘小艇渡海澳阅鱼雷营课程得句

一舟浮似叶，两澳阔于湖。澳以东西别之。

飞鸟应难越，潜蛟若可呼。

碧天涵水净，白浪卷风粗。

不是旌旗列，几疑作钓徒。

出旅顺口赴威海卫，甫行四十余里，海市现于庙岛诗以志异　命随员庆宽、金如鉴照绘，得二十式。

蜃楼闻已熟，开卷至今疑。

可怪乘风日，刚逢幻境时。

亭台相显晦，山树迭迁移。

似有神谣语，人生事类斯。

风中泛海一律　自未正至子初抵威海，宿船中共行三百一十里。

炉火猛催雷出地，轮机鞺鞳不已，弱者间有晕呕。海光斜卷水连天。

1 《九思堂诗稿续编》“备乘”作“借乘”。

人民城郭在何处，少长贤愚同此船。

破浪愿尝臣往也，御风事邈意泠然。

闲情不负奇葩艳，楼外频斟第二泉。少荃相国赠惠山泉，时船头洋花盛开，煮茗敲诗，若忘身在风涛中也。

晓起阅六“镇”炮船操演，遂乘“镇东”船至“定远”铁甲船，查验机器炮位并操枪队桅炮，回“海晏”船开赴烟台得句

海风吹梦寒无迹，楼橹旌旗槛外环。

作气各施三里雾，扬波远荡四围山。

勇如周处蛟终戮，巧到公输铁不顽。

西指崆峒矗云际，征帆又入素涛间。

船抵烟台，山东陈巡抚士杰、广西张巡抚曜因公至台候晤，法国提督理邀年奉其国命，率兵头等四十一人来会，接谈至夕，遂饬停泊是日午正开船，申正到台，共行一百四十八里

卅丈船疑一苇杭[1]，见山如客乍还乡。

云随鸾凤回翔久，陈抚候已数日。潮涌鱼龙曼衍狂。哈密敦复由旅顺驶至，与法国兵船同泊，共十五艘。

阃外宣劳辨泾渭，楼头传语杂华洋。张抚因查河工得晤，喜出意外，见法提督时德国税务司德璀林传语。

束身一介寻常事，硕辅权衡计最长。陈抚备馆寓于岸，并馈酒食，均谢却。李相国历次接见洋员，先告以亲王体制：不让坐、不答拜，而自与酬酢，并偕善都统至彼船答礼。推崇余者，正所以尊国体也。

烟台夜发，晚抵大沽一律 是日子正开行，共六百四十三里，酉正停泊口内。

探罢鲛人室，中宵返画斿。各船皆悬国旗。

1 《九思堂诗稿续编》“一苇杭”作“一苇航”。

灯辉争电掣，炮火各星流。华洋战舰各然电灯。濒发，命每船鸣炮者三，英法提督亦鸣炮相送。

诗好赓张陆，风难阻石尤。唐张说宋陆游皆有泛海诗。船行方曙，风作甚于日前。

九时程六百，应胜令仙游。谓铁船渡海事。

巡阅大沽南北岸炮台，兼放各种水雷、旱雷志怀 南岸防军副将罗荣光，统带北岸防军记名提镇刘祺、史济源分统。

铁锁沈江事，铜驼志感年。

长流鞭竟断，此恨海应填。

蒿目红羊劫，椎心白马篇。

伏波真裹革，石勒强烧船。庚申之仗，乐提督善阵没。僧邸誓死不退，旋奉朱谕，晓以大义，乃还。

运转干戈戢，时和岁月延。

舟中仍劲敌，榻侧尽酣眠。

气壮潮能射，功深砚可穿。

澄清吾有愧，上相自知权。

偕李相、善都统海神庙拈香，恭依乾隆丁亥暮春圣制元韵 庙供观音大士、天后海神。

整旅返瀛滨，相将敬悃伸。

慈悲观浊世，呵护仰灵神。

丹雘涂依旧，余到津日，庙工甫竣。风涛验最真。甫进海口风大作，同人额手相庆。

四朝宸翰在，永佑大清民。

查船坞后登船楼，阅唐提督仁廉所部枪炮合操，因为时尚早，遂开赴紫竹林，舟中与少荃相国闲话

一船动静倏平分，诗境军容各见闻。

挥帜阵收山岳势，濡毫情寄海天云。

绕村麦秀青葱色，倒影林摇滟潋纹。
岂是襟怀闲若此，经邦经武藉元勋。

葛沽即目

柳岸茅檐若画图，水田绿接麦田铺。
倚门野老萧闲甚，记得当年荡析无。

招商局马头登岸，回海光寺一律

金鳌策罢策骅骝，如堵人观羡此游。
树拂长旌驰铁骑，桥横野水点沙鸥。
选锋淬厉千军待，礼佛寻僧几日留。阅兵查局计须数日。
重抚蒲牢参妙偈，刹那尘事一回头。

校阅周提督盛波、统领黄金志、徐邦道、王得胜等各军分操 马步炮队凡分五次，自巳初至酉正始毕。

夷夏喧填士女丛，观者数万人，租界洋人驱车策马，来者甚伙。戈鋋霜白旆霞红。
昂藏妙选百夫特，整暇不惭名将风。
五伐先声期竹誓，三周猛气想车攻。各队绕场数匝，所以习步伐也。
治军终日从容极，血战江南忆旧功。将领中有随李相国勘定江苏赭寇之役者。

阅机器局 局长九里，自巳至酉始阅毕。

绿水朱桥畔，停骖境界新。
石楼连百雉，铁轨挽千钧。
组练看跄济，驾驶、管轮两学堂课程与武备堂仿佛。炉椎迈等伦。
我思曹武惠，但誓不伤人。

谒怡贤亲王祠、僧忠亲王祠、曾文正公祠

沈檀细爇寸诚输，风马云车事有无。

赤舄黄裳先圣佐，丹心碧血后人模。忠王祠赐额“丹心万古”。

不因鼎鼐千秋业，安见山河万象苏。

祀享馝芬功竹帛，贤良忠荩志同符。

金龙四大王庙拈香成什

炎宋艰天步，孤忠郁莫伸。

一朝酬故国，万载庇斯民。

祀异桥间伏，缘悭牖下亲。僧云大王化身，未至。

哀誓齐鲁遍，何计禁波臣。

少荃相国饯于督院，复送至桃花口始别 距津三十五里，时已戌初。

银鲙堆盘酒泛卮，骊歌欢若凯旋时。席间李相话及剿平捻逆张筵庆功事。

貔貅初返三千旅，北塘防军操毕回营。冠盖刚符十二支。同座者李相、善都统、张巡抚曜、李提督长乐、宋提督庆、雷提督正绾、恩副都统佑、陶臬司模、季运司邦桢、津海关道周馥、天津道万培因。

铃阁论文情亹亹，河梁分袂意迟迟。

桃潭只有汪伦典，高诵青莲往日诗。

拟泊浦口夜风甚利，复挂帆驶三十五里泊杨村 时近丑刻

轻蒲十幅欲何之，千里江陵旧有诗。

畅遂襟怀还自省，乘风须念转风时。

晏起甫盥栉，善都统乘钢板轮船驶至舟中闲话得句

缓带轻裘况，飞轮破浪来。

烟随帆影转，花映水光开。瓶中芍药正盛。

犹说观初日，同登最上台。

乘桴陈迹矣，莫漫首重回。

张家湾即目

芦汀渔父意何闲，一叶舟维水一湾。

似傲舳舻樯影接，与善都统及海军衙门各员偕还，大船小艇凡六十余只。

鲸波鼍鼓海门还。

通州登岸宿慈云寺口号

碧海金山往复旋，两旬客况路三千。此行除陆路外河路一千八百余里，海路一千六百三十余里。

鱼盐尝罢江乡味，瓶钵来寻佛国缘。

世态真同无尽藏，人生最好不期然。

笑呼老衲为诠解，此似菩提第几禅。

自津溯回，以画箑浼少荃相国题诗，承书同巡海口七律二章次韵致谢

岂学烟波稳放闾，直如仙路咏鳞裳。

从滋舟楫期同济，自昔邦家藉有光。

立雪情联瞻雅度，相国出朱文端师傅门。投醪才绌愧戎行。

后生崛起知谁健，勉继勋猷我武扬。各堂学生颖悟者多，相国甚期望之。

放怀碧海接天高，知是骖鸾抑驾鳌。

最喜貔貅皆赳赳，漫疑鹈鲽各劳劳。

藩篱势固神京拱，节钺功深圣母褒。

自问清人独何幸，蜃楼看罢听仙璈。

孙莱山侍郎用东坡韵题《海市图》次韵奉答

阵云飘渺萦遥空，飞轮南指沧溟中。试炮毕出旅顺口赴威海，行四十里海市现，时四月十八日申刻。

哗然海客群骇愕，晴波涌出修罗宫。

于时薄醉倚樯坐，破睡方录山茶功。

材官传呼来将相，李少荃节相、善厚斋都统。幻境指点惊蛟龙。

子房苦忆赤松子，相如重梦黄衣翁。向屡梦泛海至一岛，曾绘图题诗。自海上归来，至今未梦，亦一奇也。

危崖乔木互移置，层楼复阁相争雄。

烟云瞥眼余浩淼，尺幅有尽奇无穷。

咒空险语逊袭美，赋盐轶事怀张融。

索绰勒铭瓜佳跋，仙山不虚灵气钟。宝佩蘅相国、荣仲华前尚书皆有题跋。

更得椽笔洒长句，英英斗艳葩葩丰。句。

岩疆方税天竺草，都邑未充钩吾铜。议烟税筹钱法皆近事。

愿竭粗才附舟楫，巨川快济同乘风。

附各原作，文轸薄海，赫濯声威，敬献衢歌，藉申景慕，亦执殳前驱之意也。谨录呈钧诲。

注罢阴符注六韬，天阊旌旆紫云高。

檀萝慑服群惊蚁，雷电威光晓策鳌。

横海楼船输壮烈，伏波铜柱永勋劳。

观兵耀德权衡协，圣代亲贤迈禹皋。

宝鋆呈稿。

旌旆参天羡壮游，津门遥指凤麟洲。

酒香芦笋西施乳，波润桑田东海头。

飞鹢无前欢猛士，斩鲸有客望通侯。

河山带砺家庭事，素位全将素愿酬。

醇邸巡视海防恭送即席呈阅，宝鋆未是草。

雕弓玉节出天阊，士女如山拥绣裳。

照海旌旗摇电影，切云戈槊耀宋光。

佽飞禁旅严千帐，罗拜夷酋列几行。
德协谦尊齐赞颂，力辞黄屋福威扬。

万千气象蜃楼高，忽地齐烟涌六鳌。
慈佛护持看献瑞，仙舟共济敢辞劳。
自怜坚壁心偏苦，却愧屯田诏屡褒。
无限临歧依恋意，漫吟潭水答云璈。

廿五日送至北运河桃花口而返，蒙诵太白桃潭千尺之句以为别。丙戌四月侍王爷巡阅北洋，率成二律，恭应钧教，李鸿章谨识。

戈船献巧来凿空，旌旗习战沧溟中。
懿亲为国出经武，行部东指榑桑宫。
黄头苍兕怒正饱，恨不横海要奇功。
天吴避舍童律迓，倏忽曼衍呈鱼龙。
五城十楼现弹指，壮观压到眉山翁。
群酋水面四罗拜，持较郭令知谁雄。
冰夷效灵逞变态，坐视嘘蜃无终穷。
蓬壶缩本入图画，天光云日交和融。
三边形势控左辅，王气千古医闾钟。
要令重译奉冠带，何止磐石安岐丰。
明年穹甲肄池水，牙机万弩硎新铜。
金门咫尺渴眼界，随槎亦欲乘长风。
次东坡海市韵敬题庙岛海市十图，录请王爷钧诲，孙毓汶呈稿。

醇亲王《九思堂诗稿续编》

九月初五日钦奉懿旨命总理海军事宜并节制沿海水师敬纪

皇天尽阙华夷界，圣母宏施豁达谟。

岂是观兵勤远略，为廑固国建鸿图。

贤王元老分猷藉，名将通侯众望孚。庆郡王、李相国鸿章会办，善都统庆、曾袭侯纪泽帮办。

独愧谬膺三锡命，同治四年，命节制旗绿各营京兵；同治七年，命节制剿办捻逆诸军，及此凡三次。射潮有志奈才芜。

退省斋与李伯相小酌成什

干戈影外话烟霞，略比开轩就菊花。

一个臣持心似水，两间象蕴事如麻。

天山漫诩捎云箭，渤海先乘犯斗楂。议查沿海各军新式枪炮，定远等铁甲船陆续来华，李相拟先乘往东海各口操练，明春成军，余亦赴海口校阅。

此际西屠邛笮族，翘瞻王气焕中华。

舟中

回环新涨放轻舠，明月随人荡几遭。

计日析津今夜事，艨艟千里听洪涛。下月今日在津。

近人某诗草有乘“海晏”轮船截句四首，即余此次泛海之船也，率次其韵以志神驰 时距启程七日

畅涤劳劳宦海埃，艨艟队里一襟开。计调南北洋会巡铁舰轮船，凡十七只。

吟诗先寄天吴去，也似遥传驿使梅。

待寻洋屿伟明庵，坐对扶桑酒半酣。

为问芝罘渔岛上，石芝可饷子瞻篮。拟先巡旅顺口，次及威海卫、烟台。

江湖未涉涉沧溟，想象鲸波夜气腥。
不信潮州贤刺史，檄文能使鳄鱼听。

乡风莫漫诩喁喁，放眼寰区俗且从。
智宝都由烦脑得，维摩词组是晨钟。

偶成叠前韵

雕戈何日庆长韬，四海熙熙霁宇高。
共向南华回梦蜨，休矜北极钓连鳌。
千秋事业谁能待，百岁形骸为底劳。
只有柴桑人解此，临流赋罢更登皋。
按本诗系叠《佩蘅相国赋诗为饯次韵奉答》

咏紫骝 克将军赠，力健性驯，允称良骥，大沽阅炮台，津郡观兵皆乘之。

杨柳风中路，循山入厩来。
慨余多事日，逢此轶群材。
百尺银涛立，三行玉帐开。黄金志等三员各领一军。
麟翔还鹄峙，德力尔称该。

乐初都统题《航海吟草》次韵答谢

蓬壶佳气郁东莱，快策金鳌破浪回。
旧恨难寻填海石，新游欲起玩龙台。
灵山已近风偏引，仙侣如邀我复来。或云海市间有数僧作相迎状，余实未睹。
虎旅鲸波鸿雪迹，总输节钺十年才。

往岁以木雕作竹炉，曾记以诗。今夏巡海之役，李少荃相国赠惠山泉数缶为船中煮茶之资，因忆竹炉曾蒙乾隆年间宸藻题咏，第未悉其制若何。嗣恭读乾隆辛未南巡江浙仿惠山听松庵制竹炉圣制有“陶土编细筠”

句，始知前此雕形之误。因再制一炉，以志仰企清赏之意。适复得惠泉，敬依原韵成诗一章

宛转九龙山，奇秀钟灵造。按惠山一名九龙山，又名慧山，又名冠龙山，古名华山，又曰历山，又曰西神山。

王画足烟霞，吴诗擅声调。

就中性海僧，尘外参微妙。

莲舍慧照留，茶经鸿渐效。

何期古刹炉，迺荷深宫肖。

自抚绮罗身，常抱林泉好。

涴沼结夙缘，按惠山寺金莲祠一名涴沼。涤烦资石铫。

但乏五千卷，安免卢仝笑。

孟夏善厚斋殁于福州将军任所，余适卧病，不能作挽词。兹睹壁间书赠龙虎横幅，爰取海上同照行装坐像观之，凄然书一截句

故人今作古人看，际会风云一指间。

行篋分明遗像在，不堪重睹旧衣冠。

闻周提督盛波殁于津沽防营，诗以惜之 波继乃弟传统防军，见巡阅海防诗注。

渤澥长城峙，桓桓砥柱坚。

那期颇牧将，竟作兄弟仙。

霜陨三军泪，醪投一面缘。

忧时怀硕辅，卧阁几潸然。少荃相国倚二周如左右手，刻值违和，亟为悬系。

直隶李提督长乐没于芦台防次，吊之以诗 往岁津郡视师曾与共事

大星忽堕析津湄，为国怜才一泪垂。

壮气横胸何至此，年未六十。长城输指又伊谁？

黄泉飞将成三杰，自丙戌航海后，善将军、周提督相继逝世。碧海惊涛怅四维。

意绪临风言不尽，虎臣已矣慰皋夔。驰函慰问少荃使相。

宝鋆《文靖公遗集》

恭送醇邸阅兵之海口七律

注罢阴符注六韬，天阊旌旆紫云高。
檀萝慑服群惊蚁，雷电威光晓策鳌。
横海楼船输壮烈，伏波铜柱永勋劳。
观兵德耀权衡协，圣代亲贤迈禹皋。

再叠豪韵奉答醇邸

融化龙韬及豹韬，广求申甫祝崧高。
取材燕市兼屠狗，立极娲皇说断鳌。
神箭仆姑工宛转，纶巾诸葛大贤劳。
天风环佩殷提唱，凤哕梧冈鹤九皋。

醇邸巡视海防即席赋诗恭送

旌旆参天羡壮游，津门遥指凤麟洲。
酒香芦笋西施乳，波润桑田东海头。
飞鹢无前欢猛士，斩鲸有客望通侯。
河山带砺家庭事，素位全将素愿酬。

醇邸赴津有诗见赠，仍以前韵和之

析津名胜快遨游，岸柳汀花杜若洲。
天近燕南兼冀北，地雄楚尾接吴头。
好风助喜周公瑾，旧雨欢联李邺侯。谓少荃李傅相。
羡极亲贤旌节肃，等闲仍以玖琼酬。

读醇邸巡阅诸什及叠响塘原韵因再踵和

威声震迭玉花骢，万里长风据上风。

细柳营高云舰碧，扶桑树拱日轮红。

东鳒西鲽心香奉，洋船各首领均来参谒。蜃气鲸涛眼界空。海市出现，殆东坡所谓神仙出没空明中者耶。

直以内安兼外攘，勋劳懿铄古谁同？

应醇邸教题庙岛海市画册

祥风飕飗，东瀛壮游。天吴紫凤，纷迓王舟。

城郭山林，突现海市。宾僚欢欣，诧稀有事。

王曰佳哉，郁郁葱葱。荡摇万象，粉碎虚空。

凡兹外缘，以静制动。起灭斯虚，毋惊倾洞。

梦幻泡影，作如是观。寿之水墨，烟云渺漫。

义贯金经，昭千万古。海神有知，亦应舌吐。

报，以便通盘筹画，量度时势分布。惟事属创始，头绪纷繁，若待另建衙署，恐需时日。查神机营署内尚有空闲房间，稍为修葺，可敷办公，名曰‘总理海军事务衙门’。所有咨札文件，拟即借用神机营印信，以昭简易。”等因。同日又奏：“派神机营全营翼长镶红旗汉军副都统花翎二等子恩佑为海军衙门总办文案翼长；派四品衔兵部郎中堃岫、记名知府户部郎中阿麟、内阁侍读学士云骑尉奎焕、记名御史工部员外郎常明等四员，为帮总办文案；派即选主事宗室载林等二十二员为海军衙门章京，分掌文卷等事；派营务翼长护军参领祥普等八员，用备差遣。”同日均奉懿旨允准。十二月，海军衙门咨取北洋沿海水师驻扎处所地图，爵相随备具图说，咨送以备考核。

光绪十二年四月，督办海军事务和硕醇亲王奉皇太后懿旨巡阅北洋水陆各军。是月初九日请训，帮办海军正红旗汉军都统善厚斋（庆）、海军衙门文案总办副都统恩宝廷（佑），均于是日召见。择于四月十一日出都，文武随员三十余人：帮总办堃紫岩（岫）、常子清（明），营务翼长祥伯泉（普）、明菊如（惠），机器局总办恩厚丞（佑）、王子仪（福祥），枪炮厂总办岳柱臣（梁），营务委员希西元（林布）、景亨、博端、佟泽沛，机器委员恩俊斋（杰）、荫俊生（德赫），枪炮厂委员振声甫（镛）、李璧垣（奎光）、岱仁山（寿），章京载嵩泉（林）、联星桥（魁）、耆介寿（龄）、丰凤石（伸）、庆啸山（宽）、金子良（如鉴）、色达甫（楞额）、英书舫（文）、全雨乡（顺）、荫月岑（斌），委管带小队官锡善，内火器营戈什哈章京桂林，外火器营戈什哈章京海禄善。都统随员四人：寿山、延年、于得禄、连元。并海军衙门神机营戈什哈、兵弁、夫役，王府护卫、太监人等，约共二百三十余人。先是王虑随从人多，或有骚扰，遂倍发粮饷，凡车价、饭食及马匹喂养，皆属各人自备。爵相闻之，以为历来星使过津，从者莫不犒以一饭，今邸节莅津，顾听各员买薪炊爨，非所以尽礼敬而崇体制也。乃属张燕谋观察冀到京达意。王乃谕随从各员酌量领受，不准稍有需索，并严禁擅收银物、请托等事。使人各执谕一纸，以自警省。时馥承乏津海关道兼充北洋行营翼长，凡阅操一应事宜，俱当豫为筹备。因与署天津镇郑一峰总戎（国魁）、营务处万青甫观察（国顺）诸公商定操场诸事，并一路迎送、伺应各礼节，谨录邸节到津迎送仪节：

黄金志、徐邦道、王得胜各队，在二十里内外举枪跪迎；天津镇标兵在十里外跪迎；统领营官挂刀请安，有黄马褂者应着；司道以次，在红桥马头站班迎请安　海光寺门外同；史镇宏祖派马队　四十名前导、六十名后护到海光寺；文武到海光寺上手本、请安　附履历，凡手本、履历与见钦使、督抚同。上轮船时，文武在马头送。

由津至大沽，所有天津各营，新城、小站各营，大沽各营，俱列队河边跪送，如前仪，回津亦如之。

凡统领营官，已见者不挂刀，未见者挂刀。凡陆营、水师迎送，升炮，皆照向例三响。

阅操仪节：

王偕爵相、都统演武厅外下轿，文武分两班迎请安。设公案三，王中、爵相东、都统西，升座。统领行装挂刀送茶，在任提镇及司道补服、参堂三躬，统领送阵图，参堂三叩首，营官随统领三叩首。统领请令开操。阅操毕，统领、营官谢操三叩首。文武分两班送，不请安，不揖。凡迎送，升炮、奏乐如向例。

馥奉爵相面谕，督饬府县承办供给诸事。津郡向无馆舍，乃择南城外海光寺以为行辕。榱桷黯淡，略加垩饰。院落空旷不严密处，以板隔别之。凡所陈设器具，皆取朴素简便。一切秾丽及黄赤诸色，概置不用，体王意也。环寺墙外，为淮军行营制造局，有屋八十楹，即借为善都统、恩总办诸人寓所。复虑屋不敷用，添建瓦房、灰房五十二间，屋内床几灯盏毕具。寺前楮布帐为文武官厅。环寺置巡更兵棚十六架，并起席棚以停车马。南门外道路经护卫营、亲兵营修治，入夜悬灯相属，以便行走。皖南镇史念修（宏祖）带马队百名驻于寺后，掌守寺内各门，出则前导后护，并派候补知府陈庆滋、候补知州宫昱、裴敏中、知县叶金绶、宝山等，与署天津府萧世本、天津县姚长龄，分司车、船、夫、马、厨、传各事。

四月初二日，爵相命制造局总办潘梅园观察（骏德）、水师营官郑承斋副戎（崇义）、总哨黄懋斋总戎（春元）带杉（舢，下同）板二十三只、“长龙”座船三只，往通州迎候。馥复派委员霍令复、元顺、倅龄、王巡检道昌带座船二十五只，火食船五只，厨役、家丁若干人，置备食物偕往。

初五日，复派督辕武巡捕杨福同、萧万有从陆路赴通州，照料由陆来津车马。沿途所需饮食刍秣之费，皆由杨福同等赍钱开发，不烦州县供应。

初六日，添派小轮船两号，前往通州伺候。又函属通永道许仲韬观察（钤身）添雇座船三十号，并牵夫二百名。又虑北运河剥（驳，下同）船壅塞，派杨村通判吴积钧前往晓谕，通河剥船全靠西岸，让开河道，以免轮船碰触之险。

初十日巳刻，善都统、恩总办及各随员出都，自通州易舟南下，黄春元带杉板护行。又有随从二十余人、马三十余匹、王府内外随侍戈什等四十余人、马四十余匹，由陆路来津。

十一日卯刻，王启节出都。乘马行四十里，巳刻莅通州，登“长龙”座船，郑崇义带杉板护行。小轮船拖“长龙”下驶，行九十里，夜宿马头。郑承斋副戎督杉板水师环泊，巡更达旦。通州协、天津镇两标官兵一路迎送如仪。驻巡杨村云字营马队为记名总兵王（恒风）所带，亦遣兵赴马头来迎。王遣之去。王自通州舟行至津，凡遇官兵在岸迎接者，无论官阶大小，皆立而望之，夜则秉烛起坐。

十二日，王舟行二百里，戌刻泊杨村。云字营列队跪迎。夜，神机营马步亲兵、水师亲兵按更轮值，鹄立河干。王惜其劳，命稍休息。是日午刻，善都统、恩总办及随从各员到津。先一日有弁目数人到海光寺，自买饼饵充饥。供以饭，再辞不受。曰：“我奉王爷谕，不领供给。”爵相闻之，谕来弁云：“此处无从买食，请暂领，明日王爷到，当为若陈明，非若违令也。”来弁始敢受。

十三日，王舟行九十里，巳刻抵津。各随员先到津者，并赴北郭外红桥迎见。各军统领营官均行装挂刀，领队在二十里内外沿途跪接。爵相坐小轮船出迎，至浦口登王舟，跪请圣安，同舟抵红桥登岸。署天津镇郑一峰（国魁）、直隶按察使陶子方（模）、长芦运使季士周（邦桢）、天津道万莲初（培因）、天津营务处万青甫（国顺）、檀者山（崖）、张小传（绍华）、支应局胡云楣（燏芬）、朱伯华（福荣）与馥等四十余人立岸恭迎，见面请安。王温言慰问数语，遂乘黄绊四人肩舆。本年三月间，王奉懿旨赏坐杏黄轿，两疏力辞，馥于邸节到津，恭备黄绊四人肩舆，以从王意。进北郭门，由郡城北门出南门，至海光寺行辕。先是，王传谕天津实缺司、道各官不必远迎，可在海光寺相候。馥对将命者曰："凡星使过境，司、道、府、县各官尚郊迎数里，王位居亲藩，奉命巡阅，望重体尊，凡属臣子，礼应郊迎，以昭诚敬。仅候于海光寺，非礼也。"将命者复辞至再三，遂遵王谕，在北郭外红桥建木马头搭席棚迎迓。直隶提督李汉春（长乐）因事未到红桥，遂与浙江粮道廖毂士（寿丰）、署苏粮道韩古农（庆云）及直隶候补道何骏生（崧泰）等四十余人，在海光寺迎候。王乘舆进寺左门，至佛殿左旁降舆，迎者各请安。王入殿拈香，复至御书楼宝座前行礼。入后稍息，传见实缺提镇、司道、天津府等，又传见各军统领提督周盛波、唐仁廉、总兵丁汝昌等。其非统领或府道非实缺者，无故不传见。谨将由津至旅一路水陆各营官弁、兵勇开单呈览 缘奉王谕，特向各处查明缮折恭呈：

天津防营：

记名总兵黄金志，带练军五营，共官五十一员，勇二千八百名；护卫一营一哨，共官八员，勇六百四十五名。

补用都司王得胜，带亲兵一营，共官六员，勇五百八十五名。

记名提督徐邦道，带马队二营，共官二十六员，勇五百六十名；炮队二哨，共官二员，勇二百十四名。

大沽防营：

大沽协副将罗荣光，带练兵六营，共官五十九员，勇一千九百八十名；开花炮队一营，共官六员，勇六百七名；水雷一营，共官三员，头目、雷兵、水勇等二百二十九名。

记名总兵刘祺，带直字营二营，共官十八员，勇九百九十二名。

尽先副将史济源，带保定练军一营，共官十员，勇四百九十名。

新城防营：

守备张曙德，带练兵一营，共官十员，勇五百名。

小站防营：

署湖南提督周盛波，统盛军马队五营二哨，共官六十九员，勇一千五百五十七名；盛军步队十二营二哨，共官七十三员，勇六千九百六十二名，小队四十名。

旅顺防营：

记名提督黄仕林，统庆军三营，共官十五员，勇一千五百名；马小队一哨，共官一员，勇八十九名；杉板船一只，共官一员，舵工、桨手等十四名。

记名提督吴兆有，统庆军三营，共官十五员，勇一千五百名；杉板船一只，共官一员，舵工、桨手等十四名。

补用都司张文宣，带护军二营，共官十员，勇一千名。

候补道袁保龄，带水雷一营，共官三员，头目、雷兵、水勇等一百八十七名。

四川提督宋庆，统毅军五营，共官三十四员，勇二千五百名。

北洋水师：

天津镇总兵丁汝昌，统“定远”铁甲舰官弁水手人等三百三十一员名；“镇远”铁甲舰官弁水手人等三百三十一员名；“济远”钢快舰官弁水手人等二百四员名；又“定”“镇”“济”三舰洋员四十三名；“超勇”快船官兵人等一百四十员名；“扬威”快船官兵人等一百三十九员名；“康济”练船官兵人等一百三十七员名；“威远”练船官兵水勇人等三百十七员名；“镇北”蚊船官兵人等五十五员名；“镇南”蚊船官兵人等五十四员名；“镇东”蚊船官兵人等五十五员名；“镇西”蚊船官兵人等五十四员名；“镇中”蚊船官兵人等五十五员名；“镇边”蚊船官兵人等五十四员名；水师屯船官兵人等十四员名。

记名关道刘含芳，带鱼雷营训练官、库官、文案六员，雷兵学生等一百十七名；左队一号大雷艇管驾大副二员，舵工等二十六名；左队二号大雷艇管驾大副二员，舵工等二十六名；右队一号大雷艇管驾大副二员，舵工等二十六名；右队二号大雷艇管驾大副二员，舵工等二十六名；右队三号大雷艇管驾大副二员，舵工等二十六名。

南洋水师：

记名总兵吴安康，统"南琛"官十四员，队长、水勇等二百三名；"南瑞"十员，队长、水勇等二百七名；"开济"快船官十员，队长、水勇、炮勇等一百七十三名。

十四日，各国领事官敬请谒王。馥先期告各领事云："如愿谒见，须着礼服，以一国领事为一班，分次入，不坐，王不送，不答拜。"领事从命。是晨，馥与伍秩庸（廷芳）、罗稷臣（丰禄）两观察先往御书楼下，候少顷，各领事先后至，有戎服挂刀者，有衣缺襟短褂者，盖曾任武职，则以挂刀为盛服也。馥等分班引入，先见法国领事官林椿、副领事安迪，次俄国师史，次美国巴拉密、毕德格，次英国璧利南，次德国连梓，次日本国波多野承五郎等。一班见毕，退，再领一班入，皆按其到任先后以分次序，国之大小不与焉。末见津海关税务司德璀琳。税务司者，帮办关道税务，为中国当差之人，故后见之。见时，王中立，爵相、善都统左右立，王府护卫侍立殿上，神机营、海军衙门随员立阶上，司道各官立阶下。领事登阶，免冠，入殿门，鞠躬，北向立。王问始对。其礼略与彼国觐君相仿。王一一慰问。领事或对近事，或陈颂词，衣冠严肃，仪节斐然。见毕，馥复引至御书楼下小坐，用茶烟毕，诸领事告辞而退。

辰刻，王阅武备学堂。时柳墅地方新建堂屋未竣工，学生借居今海军公所。王至，学生排班执枪，跪迎于学堂门外，王谕学生各回堂执业。偕爵相、善都统登楼眺望毕，赴印书房看机器，并问学生测绘功课，阅学生毛瑟枪步队

加以枪队，每枪三响。轮船行三十里，犹觉山鸣谷应，烟焰半日不散。时宋祝三、雷纬堂、左冠廷三军门，启王暨爵相，愿随行至津看操，王许之。舟过庙岛，海市见焉。楼台隐见，林树扶疏，树外若有数僧翘首立迎，逾时始散。

计王在旅顺赏毅军五营银一千五百两，庆军六营银一千七百两，护军两营银八百两，南北洋水师各兵船银五千两，鱼雷营银二百两，水雷营银七十两，并赏各统领营哨官蓝绸袍料、灰布袍料、花翎、针黹、刀镰有差。是晚行三百一十里，亥刻抵威海卫。

十九日卯刻，王阅“镇东”“镇西”“镇南”“镇北”“镇中”“镇边”六炮船打靶。遂乘“镇东”验“定远”铁甲，复属善都统验“镇远”铁甲，派恩总办验“济远”穹甲。巳刻，起碇赴烟台。各兵船左右护驶，行一百四十八里，申刻抵烟台。英国水师提督哈密敦带十兵舰，法国水师提督理尧年带六兵舰，排泊于烟台山外，各声炮二十一响，调水兵横列桅上立迎。山东巡抚陈隽丞中丞（士杰）、钦差察看河道广西巡抚张朗斋中丞（曜）、署登州镇总兵李胜庭（楹）、登莱青道方右铭（汝翼）、前济东泰武临道李山农（宗岱）均迎见。见毕，王登舵楼眺望，以时薄暮，登岸多酬应，遂传令：今晚从者俱宿船上，夜半开轮。闻岸上供张甚盛，伺候已累日矣。陈中丞欲进王酒食、土物，托爵相致意，王婉却之。申刻，法国提督理尧年率其弁目四十人赴“海晏”船请见，王立舵楼上见之。馥与丁禹廷、罗稷臣、德璀琳三人带领，鱼贯入，略如旅顺见英提督仪节。理尧年献颂词毕，复及富国、通商、练水师、造铁路等事，王颔之。夜，爵相偕善都统往英、法两提督兵舰答拜，并代王道谢。两提督迎待甚恭。

二十日子刻，展轮回大沽。英、法兵舰各声炮二十一响相送，我兵船不声炮答礼。盖大国亲王体最尊贵，凡本国大臣及外国使臣初往见者，不坐不送，不亲往答拜，声炮迎送者亦不答炮。若外国兵船之炮系为敬国家而施，则亲王船亦应如数答之，同为与国，无尊卑也。

巳刻，海上微风，从人间有眩呕者，王谈笑如常。告馥曰：“我栉发未半，而栉者头眩不支，竟坐待半日。闻此风在海上尚不为大，具见水师将士终年辛苦也。”

未刻，风稍息。酉刻，进大沽口。是日行六百四十三里。

二十一日辰刻，阅大沽南岸炮台打靶，并演放各种水雷、旱雷。看水勇泅水、燃雷之技。阅水雷厂直斜镜房。复骑马看南滩平炮台。守南岸者，为大沽协罗耀庭（荣光）。罗在苏时，即带西洋炮队操练，已二十余年，运用颇熟，时出新意，为攻守器颇称得法，王甚嘉之。午刻，渡河至北岸，看刘介三总戎（祺）炮兵打靶。并阅北岸后路史光普协戎（济源）营演炮。时介三总戎营有兵抱炮弹失手，与弹俱碎，旁二兵亦被伤。后经西医马根济疗治，仅活其一。

午后，王赴海神庙拈香。庙内兼祀大士、天后，俱拈香毕，复诣殿后宝座前行礼。王闻南岸营内有军士所建昭忠祠，祀昔年在沽阵亡将士，即命章京载林前往拈香。（按：海神庙修于康熙三十六年，殿宇倾圮，香火萧条。馥与同人两次集资五千余两，派周州判士培修理未竣，复请文芝轩瑞总戎接修，适本年三月工毕。四月王入庙拈香，海波平稳，天人协应。奏奉懿旨，颁分匾额三方以答灵贶。）

未刻，文芝轩总戎导王遍阅船坞各机器厂，阅毕回船。时唐军门（仁廉）所部仁字等营驻扎北塘，距大沽三十里，军士以王未莅北塘阅操为憾。唐遂调队，隔河演阵，请王遥观之。王笑而许焉，并属恩总办一体给赏。时百姓拥立岸上，观者殆千人。王曰："勿以我故而荒其业。"传令开船，夜行二百五十里停泊。不欲遽至津者，恐夜深人众，登岸冒险也。计王在沽赏北塘仁字等营银一千五百两，赏大沽南北岸兵二千五百两，各统领营哨官蓝绸袍料、灰布袍料、花翎、刀镰有差。

二十二日巳刻，回天津。文武各官齐集紫竹林新关马头立迎请安。护卫营、亲兵营及盛军各营列队城南跪接。文武各官前往请见者，凡已经进见之人非有公事不再传见。而条陈献才技者、求差使者、久讼不得申拦舆控诉者，迎伺道上不绝。王谕馥曰："亲藩例不理词讼，可告县令出示谕止之。"条陈技艺者多迂谬无当，王不纳，或转交爵相察核。是日午后，阅淮军行营制造局。局有八厂，共屋百余间，环于海光寺外。匠徒七百余人，每日可造哈乞开司枪子万粒，云者士得枪子五千粒，其余炮车、开花子弹、电线、电箱及军中所用洋鼓吹，皆能仿制。总办局务者为高仲珩观察（骖麟）、龚鲁卿太守（照玙）。时伏水雷九具，于寺外积潦中一一试放。雷内装火药四十八磅者，水飞十余丈；装火药八磅者，水飞五六丈。盛杏孙观察复觅电光灯、织布机器两事设于局中，并请王试观。

二十三日辰刻，出南郭门，阅津防各军操。时湖南提督周海舲（盛波）统盛军马队五营，步队、炮队十二营，先期由小站移扎南郭外八里台。是日辰刻，爵相、善都统先至操场，王乘马后至，文武各官俱集演武厅前立迎，奏乐升座。海舲军门送茶，呈阵图，请令开操。司道各官例应参堂三躬，都统传王谕免揖。盛军十七营操未毕，日已晌午，即在演武厅午餐。记名总兵黄丽川（金志）带天津练军六营，记名提督徐健农（邦道）带楚军马队两营，又炮队两哨，候补都司王少卿（得胜）带亲兵炮队一营，俱于午后合队复操，并调各军炮队打靶，中者十之七八。计是日会操军士一万五千余人，步伐整齐，一丝不乱。凡开枪、上马、起立、进退、分合、旋转，一人呼之，无不如响赴节，王甚为嘉赏。以盛军勇丁由小站来津，多行一日程，每名加赏银一钱，计共赏盛军银六千两。其统领吕本元、贾起胜、卫汝贵等，各赏衣料、花翎、刀镰有差。又赏天津练军营、亲兵营银二千五百两，楚军马队银五百两，黄金志、徐邦道、王得胜等衣料、花翎、刀镰有差。

二十四日辰刻，出东郭门，阅视机器总局、水师学堂，并命题考试水师学生。总办机器局者，为刘献夫（汝翼）、潘梅园（骏德）两观察。总办学堂者，为吕庭芷观察（耀斗）。（按：机器局创于前三口通商大臣崇地山（厚），历年增置，规模视前加数倍。计厂屋六十二座，工徒千余人。每年可制枪炮火药一百万磅，铜帽五千万粒，大小炮子数万颗，毛瑟枪子五百万粒。其余各种水雷、电线及轮船机器之属，无不兼制。厂屋外缭垣周九里，王与爵相、善都统坐铁轮车流览，各厂工人照常执业不辍。水师学堂在垣内偏北，分驾驶、管轮学生为两班，分堂肄业。王考各学生毕，命给银奖励。）

二十五日辰刻，王诣城西南怡贤亲王祠拈香。（按：怡贤亲王祠，雍正十三年建于三叉河口，年久废圮，盛杏孙观察建广仁堂时，立主祀于堂中。至是悬额为王祠，俾永存香火云。）

午刻，诣僧忠亲王祠、曾文正公祠、金龙四大王庙，行香毕，至爵相署午餐。侍食者为张朗斋中丞、善厚斋都统、宋祝三、雷纬堂、李汉春三军门、恩宝廷副都统、陶子方廉访、季士周都转、万莲初观察及馥，共十二人。酒半，王命从者为拳刀之舞以侑觞。复问爵相曰："今日之燕可谓乐矣，谁能为文记此事者？"爵相指士周都转曰："此善于文者也。"王因命为图作序记之。饭毕，谕文武各官勿赴红桥远送，即由辕门外登舟，不回海光寺矣。各官遂齐集署外浮桥上，请安敬送。舟绕三叉河，进北运河，过西沽阅武库，见军实累累如山积，曰："可以释吾忧矣。"爵相同舟送至二十五里之桃花口而返。临行，馥奉王札谕：郑崇义、黄春元杉板水师，每兵赏银四两，每官赏银二十两；史宏祖所带马队，每兵赏银四两；天津弹压街道兵共赏银一百二十八两；各哨官仍加衣料、刀镰；又赏照相粤人梁时泰等四百两；赏办差、厨役、家人、轿夫等六百两；赏"海晏"船银一千两，"保大"船银八百两，各小轮船银二百四十两；并通商大臣署内号房、戈什等均赏银有差；办差委员六人，亦蒙赏袍料、马褂料。均由馥分别给领。王初到时，上下各用酒席一次，以后只备寻常菜饭。厨役以不谙性嗜，私求王府厨夫助之，因感其德，酬以数十金，不敢受，呈白于王，即饬退还。此事人不及知，馥闻之。委员霍复元云："盖王自出京及还，只准随从人等领受两餐及马匹喂养，无一人敢有丝毫需索，士大夫亦无敢以一物馈赠。"（按：此差前后几及一月，除"海晏""保大"轮船水脚银九千四百余两，由支应局正项给领，又海光寺修建房屋、添置器具另行开销外，其余由通州至津沽车船夫马等费，并通州、天津、旅顺等处往来火食，连爵相随从诸人及馥与办差上下人等食用，只费银一万七千八百五十余两，均承爵相另在闲款项下开支。盖既不肯扰累于民，亦毋庸官为赔垫，诚体恤之至也。）

二十六日，驻杨村。

二十七日，驻香河红庙。

二十八日，驻通州下游十五里牛各庄。

二十九日，驻慈云寺。

五月初一日，复命。同日奉懿旨：

醇亲王奕譞奏巡阅北洋覆陈水陆操演情形及请奖叙将领、员弁及分给宝星各折片，览奏均悉。精练水师，前经谕令，先从北洋开办。此次醇亲王奕譞亲赴天津，会同李鸿章、善庆周历旅顺等处，将南北轮船调集合操，并将水陆各营一律校阅，技艺均尚纯熟，阵法亦极整齐。除各军统带、管带各员及哨弁、兵勇由该王奖给物件银两外，四川提督宋庆，署湖南提督周盛波，广东陆路提督署通永镇总兵唐仁廉，天津镇总兵丁汝昌，皖南镇总兵史宏祖，大沽协副将罗荣光，候补副将郑崇义，记名总兵黄春元，津海关道周馥，直隶候补道刘含芳、袁保龄，均著交部从优议叙。候补道潘骏德、盛宣怀，分省补用知府龚照玙，均著交部议叙。已革总兵吴安康留营效力，统带南洋轮船尚称得力，著加恩赏给四品顶戴。至洋员教练兵舰，著有成效，亦应一体奖励，除分别给予宝星外，琅威里教练水师尤为出力，著再加恩赏给提督衔。汉纳根监造炮台坚固如式，著再加恩赏给三品顶戴，以示鼓励。海防关系紧要，必须逐渐扩充，历久不懈。据奏练兵先须选将，陆军人才以武备学堂为根本，水师人才以驾驶、管轮学堂为根本，洵属扼要之论。并据王面奏，各学堂肄业，于讲求战备外，兼习经史，尤属合宜。又据奏，已革道员杨宗濂，前办天津武备学堂规制，颇能整肃，可否弃瑕录用等语。杨宗濂著准其留于直隶，交李鸿章差遣委用。经此次巡阅之后，醇亲王奕譞务当会同李鸿章等，物色将才，实力整理，并督饬见在管带各员，认真练习，力求精进。应如何筹集巨款续添船炮之处，并著随时会商，奏明办理。钦此。

五月初九日，德国驻京公使巴兰德函致总理各国事务衙门，略云："此次醇王巡阅北洋各口，所有文武洋员，多得瞻仰，本大臣亦有谒见之心，若不亟请贵王大臣代为声明，似于仪文有阙。且醇王若肯俯如所请，即可藉陈我两国惇睦之情。谅贵王大臣亦无不愿将钦仰微忱婉达于醇王前矣。合行专函，请即查照为荷"云云。时驻京各国公使，以巴兰德在华最久，向来各国公使有所商于总署，其意见从同之事，概推一资深公使，先诣总署开议。至是巴使屡以为请，总署遂录巴使来函，咨海军衙门。王乃拟复四条，于五月十四日具奏，钦奉懿旨允准。疏内大意"以为国家定例，王公向不准接交大臣，况各国洋员，尤不应无故接见。第巡阅海口，本异寻常差使，故未便过事拘泥。若在京，自当恪遵功令，免滋流弊。惟巴使来函，系属创格，既不敢遽允，又未可率拒，谨抄拟复约条，恭呈慈览，是否照此咨复"云云。所约四条：一，请总理各国事务衙门为主人，王与各公使皆居客位；二，彼此皆著公服，用昭有礼；三，此会只可一次，不能再举；四，其他亲郡王、贝勒、贝子、公等，并无此出差之事者，尤不应援此例与各公使相见。旋经总署将此四条录送巴使阅看，巴使复与各国公使相商，俱允遵行。适美国公使田贝、法国署公使恺自尔先后抵京，亦求预斯会。于是总署订期七月初五日未刻，请各国公使临署谒王。至期，总署设筵于储才馆。

午刻，庆郡王偕福协揆（锟）、锡冢宰（珍）、廖少司马（寿恒）、许少司寇（庚身）、徐少司空（用仪）、孙少司空（毓汶）、续阁学（昌）、沈阁学（秉成）先到署。未初，王乘舆至。未正，巴兰德与英国公使华尔琛、俄国公使拉德仁、日本国公使盐田、美国公使田贝、法国公使恺自尔、荷兰国公使来因、比利时国公使维礼用凡八国公使，带领参赞、书记等官，皆穿本国礼服，佩带宝星同到，由庆郡王带见。王各温言慰问，遂入座进酒。王云："我何德何能，有劳诸位大臣来见。"德巴使云："此话太谦。"美田使云："前在旅顺口，未得晋谒王爷。"巴云："坐海船回京，未知受海风否？"答以"未受海风，一路甚好。"遂呼进酒。王云："愿祝合天下各国国祚灵长。"因各尽一杯。巴起宣颂词，各公使皆起，王与诸大臣亦起立。巴颂云："今日能谒见王爷，所有各国大臣同本大臣快乐之至！尤可喜者，各国与中国正在敦睦之时，各国国家简派大臣等来华，正谕令讲求睦谊，趁此今日盛会，将来和好愈敦，务求王爷在皇太后前代陈此意，并请将本大臣等恭祝皇太后、皇上万福无疆，国泰民安之颂，代为陈明。近来恭读邸抄各件，深知皇太后多年听政，盛德莫名。所有本大臣等，钦佩之忱，不能不在王爷前声明。所以各国大臣同举一觞，愿皇太后、皇上福寿攸同。此等称贺，虽系外国仪文，然出于至诚，望王爷哂受可也。"颂毕，各使咸敬一杯。王亦令宣颂词，云："我皇太后体天地之心为心，王大臣等皆，仰体皇太后之心为心。愿天下各国皆长承天眷，永享升平。”巴遂将此语转告各使臣，皆额手致谢，共敬王爷一杯。

王云：“我今日不作应酬语。我们相隔数万里，今日此会，诸位皆各国大臣，均有报效国家之意，请各言其志。”巴云：“我已说过了。”王云：“前所说皆颂扬语，如何报效国家，必有实事，可各说明。”巴起对云：“只有两条，一是以百姓为重，一则每有旨意，实力奉行。余事可包此两条内了。”美田使对云：“我距中国较近，通商后最称和睦，如此看来，定可永远和好了。”日本盐田使对云：“我日本国与中国数百年和好，为使臣者，只愿两国永敦和好。”英华使对云：“我报效国家有两条：一是守国法，一是遵主命。”比维使对云：“我国与列邦均各和好，我国主未立之前，曾游历各国，亦到过中国南省，愿与中国永远和好。”俄拉使对云：“我国与中国交好最早，愿仍遵守旧章。”王云：“能说满洲话否？”拉使对以“不能”。其翻译宝德林立对云：“能说几句，但不甚好。”王即说国语数句，答皆无讹。法恺使对云：“我们法国凡上命差遣，无不竭力奉行，不敢稍有违背，就是此规矩。”王云：“规矩是规矩，志愿是志愿。”法恺使云：“这就是志愿了。”荷来使对云：“我荷兰与中国相交最久，但愿从此永敦和好。今日盛会，回国时必当转达君主，亦必深感王爷。”

各公使谈志愿毕，王云：“本爵之意，各国虽言语不通，风俗各异，皆系开辟以来天地间之人。通商之始，自然彼此不能融洽，现在交好既久，风气日开，惟愿大国待小国以仁，小国事大国以礼，大国与大国交涉以诚，从此大国无侵占小国之事，小国无干犯大国之端，永息干戈，共敦和好。各国兵事自应精练，专防本国乱党，各国毋得兵戈相寻。有嫌隙者，固可永化其心；无嫌隙者，不可妄生枝节。各成礼仪之邦，共享升平之福，本爵志愿如此。”张德彝以洋语传毕，各公使皆起立云：“皆遵王爷之命。王爷此语极为公平，各国无不钦佩，即各使臣亦皆同此意。未知今日之言，还入奏皇太后否？”王云：“是要奏的。”复问云：“今日此会所说之话，你们亦奏闻否？”巴云：“各国都要回奏的。”王云：“今日巴大人甚累了，要与我们说话，又要与各位大臣传话。”巴云：“可惜言语不通，需人传话，若能直达，更觉省事了。”王云：“总愿各国礼义相尚，无以兵权相尚，纵有胜人之时，安知不为人所胜，不如礼义相尚，自能永享升平。”

巴又以此语转告各使，各使均首肯者再。翻译阿恩德传语云：“各国皆服王爷的话，是从道理上来的，王爷行事亦必如此，看来此后总可永久和好了。”王云：“总理衙门王大臣与各位大臣均可时常相见，我只会此一次，故不作寒喧套语。”阿传巴话云：“大家办事都是按理而行，须浮一大白。”满座遂共饮一杯。庆王云：“大家原应按理办事，若有一人不按理者，大家都不依他。”巴等皆唯唯。

王问巴使云：“此次赴津好否？”巴答云：“皆极平安。见过李中堂四次，李中堂亦设宴招饮。从前与李中堂尚有说不合拢处，如今越熟越好了。”醇、庆王又劝进酒，遂各举杯。王问：“能饮此酒否？”巴云：“此酒甚好，我最爱中国酒食。”王问巴使云：“你两肩所饰黄金何意？”巴云：“此是我国武职大员服饰，我虽非武职，今日典礼，故用全副披挂。”王又问巴使云：“贵国主及毕相年寿均高了？”巴答云：“年寿虽高，精神甚好。”巴又告张德彝数语，转译云：“前王爷到烟台、旅顺各处查阅炮台、兵船，那是战争之事，今日却是尊俎之事了。”巴又自指胸前所挂宝星云：“此是中国大皇帝所赏的。”王又向巴使云：“你发都白了，年岁几何？”巴答云：“五十一岁。”王云：“何以甫过五旬，须发已白？”巴答云：“自从本国到中国，来了二十余年，未免操心所致。”巴又问：“王爷饮食如何？”王云：“也有能吃之物，也有不能吃之物。”王问巴：“暑气甚盛，怕热否？”巴唯唯。又问：“何不挥扇？”巴答云：“来时忘却带扇。”王付以扇云：“可将此扇扇之。”巴接扇云：“蒙王爷惠赐，我不还了。”王云：“不还亦可。”巴云：“深感王爷厚意。庆王爷知道我并不是如此爱小。”庆王云：“你素日最爱便宜的。”遂各大笑。

酒阑，撤席，离座。王又向巴使云：“今日所说，皆是切实近理之谈，谨记我言，庶不至虚此盛会。以后与总署办事，总宜照此办理。此扇即以奉赠，扇虽微物，然目见此扇，即可心识吾言也。”巴唯唯称谢。王又告各使云：“今日之局，我非主人，我先走一步。”遂拱手作别。各使皆鞠躬致送，俟王起身后，各使遂皆纷纷辞去。后数日，各使皆向总署索是日问答录，传诸本国以为盛事云。

醇王出都巡阅严饬随从人等各谕

管事处传奉爷谕：交管事处，此次赴天津查看海军，事属创始，本府随往人众，必当恪守历次诫谕，谨慎体面，除本分差使外，不准干预他事。著派怀他布、瑚图哩、明顺、吉成实力稽察，无论事之大小，务须一一禀知，不准少有瞻徇及私出主见等情弊。果能遵守传谕，回京后优加奖励。倘稍不遵循，无论事之值与不值，何时发觉，即将该四员交地方官递解回京，从重惩办。此谕。著管事处于随往之官员人等及首领太监每人各放一张，特谕。

为剀切晓谕事：照得本爵堂此次前赴天津阅看海军船只、炮台，所有随带章京等员，随同总办由陆路行走，车辆马匹务当严加约束，免滋弊端。且沿途经过地方，正值麦初秀穗、大田播种之时，务循大路行走，不得任意驰骤，致有践踏田畴情事。其本爵堂随带之护卫、戈什哈、弁兵人役及总办、章京各员随带之戈什哈、跟役、车夫人等，虽分前后两起，著统归总办管辖查访，倘有前项情事，一经查出，或被农民告发，即行从严惩办，决不姑宽。切切。特示。

谕：此次赴津，原传除赴旅顺口等处系中堂饬备厨房外，其往返途中及在津数日，均由口分自买食物，马匹草料亦均自备。兹闻中堂已饬全行备办，一切概不由地方官供应，皆系中堂出资，似难过拂盛情。除本爵府中随从人众已饬酌领外，合通谕随往各员弁兵役，著勿庸过事拘泥，酌量领受，惟不准稍有需索，致干惩处。著总办、帮总办于起程之先，通行晓谕，俾归划一。至马匹草料及外雇车辆应需草料，仍遵前谕，自行备办。

再，抵津后，地方文武各员及各营统领、各局官员等，现经总办恩禀商，令赴营务处报到，投递职名，已经允准。倘此内生有弊端，擅收银物及请托私情等事，惟将翼长祥普、明惠立即发折严参，并将总办、帮总办附参，决不姑息徇纵。至本爵堂府宅护卫、家人等，已自行严加钤束。如仍有倚势招摇，或假借名目肆行欺骗，总办、帮总办及营务翼长务刻即禀知，勿稍瞻徇，特谕。

醇王奏辞赏坐杏黄轿两疏

一

奏为敬闻恩旨，无地自容，迫切陈情，仰祈慈鉴事：窃臣奕自皇帝入继大统，迭叨皇太后恩施，出于常格之外，满盈之戒，时懔于中。乃昨日钦奉慈禧端佑康颐昭豫庄诚皇太后懿旨："醇亲王奕、醇亲王福晋，均著赏坐杏黄轿。钦此。"闻命之下，与福晋心惊语塞，不知所措。伏思臣之不才，在先朝本属滥膺爵禄，前乞骸骨，亦为理所宜然。只以时局多艰，皇太后垂帘听政，特加任使。自维近支宗室，义不容辞，遂未敢固执己见，勉出承乏。一俟将来皇帝亲政有期，即当再申前情，吁恳恩施，与福晋萧然蔬布，终老林邱，此臣素抱私衷，亦尝陈之帘前者也。至于赏坐杏黄轿，惟内廷公主有之，臣乃先朝臣下亲藩，体制定例秩然，万不应叨此异数。虽慈命为推恩锡类而施，在微臣宜合道守官是念。惟有仰恳皇太后洞烛臣衷，收回成命，并恳将光绪元年正月初八日臣呈递留中之折，时时谕饬皇帝，永勿更张。俾臣心安理得，余生残喘，或可藉此多延，则感戴圣慈，实无涯涘矣。所有微臣沥陈下情缘由，谨恭折具奏，伏乞皇太后圣明恩准，曷胜屏营待命之至。谨奏。

二

奏为勉遵懿旨，叩谢慈恩，并豫为陈明下情，仰祈慈鉴事：窃臣奕昨日呈递，迫切陈情，恳请收回成命一折，先经军机大臣面传懿旨，未允所请。复于召见时碰头谆恳，仰蒙慈纶抚慰，训饬笃挚。当日内阁钦奉慈禧端佑康颐昭豫庄诚皇太后懿旨："醇亲王奕奏恳请收回成命一折，情词恳切，出于至诚。其谨受恩命，毋庸固辞等因。钦此。"敬聆面谕，伏读徽音。欲再辞，则语言已罄；竟承受，则心志难违。辗转彷徨，罔知所措。幸蒙洞鉴矜恤，允臣面奏之请，嗣后乘坐与否，听臣自便。藉此一线生机，忧惧苦衷，得以稍减。寅感圣慈，曷其有极。臣惟有恪守亲藩定制，始终如一。既谢鸿施，即为身受，此正古所谓君臣各尽其道也。所有微臣叩谢慈恩，并豫陈下情各缘由，谨恭折具奏。伏乞皇太后圣鉴。谨奏。

津海关道详北洋大臣遵饬开送当差出力员弁分别给奖详稿

为详请事：案奉宪台札“准：钦命总理海军事务衙门咨开：‘本王大臣此次赴津，并出海校阅兵轮操演，所有统领、管带等官，并照料船只及公寓执事差遣各官弁兵勇等，均极勤奋。除拟入奏奖，并奖给银两物件各员名外，其余在事出力之官弁兵丁，有应记缺、记功者，希由贵爵阁部堂分别办理可也。’等因到本阁爵大臣。准此，合行札饬。札到该道，即便查照此札。”等因到关。蒙此，职道遵查此次醇亲王校阅水陆各军，凡在营文武员弁人等，均蒙奖赏。今于前次奏奖并奖给银物各员名之外，查明出力者记缺、记功。惟有遵札将各处照料船只及公寓执事差遣各官弁兵勇，择尤请叙。职道奉宪谕，总办差务各官弁中，办事得力者，皆所深知，自应遵照宪饬，分别核给外奖，以示鼓励。除天津府汪守、代理天津府萧守、杨村通判吴倅、天津县姚令等，筹办一切，俱极勤奋，惟因身任地方，均称不敢邀奖。又，同知裕纶、知州裴敏中、通判顺龄、知县震（霍）复元、宝山、叶人镜、盐大使寿祺、赵元墉，经历李道煌等，已蒙优赏衣料，无庸另请奖叙外，其余出力文武员弁，理合遵饬分别记缺、记功，缮具清折具文，详请宪台查核批示，俯准照拟给奖，分行镇司注册饬遵，实为公便。为此备由具呈，伏乞照详施行。

计详送清折一扣。

北洋大臣批前次随办醇邸阅操差使出力员弁，经海军衙门咨由本阁爵大臣给奖。据该道开呈前来，所有候补直隶州知州宫昱，准另册存记，尽先酌委州县一次；候补同知程鹏、候补同知直隶州袁焌文、候补知县胡良驹等三员，均准另册存记，酌委州县一次；直隶试用县丞顾元勋，准俟到省后，给予首先委署一次；北河候补巡检潘煜，准其尽先补缺；北河候补巡检王道昌，准其拔署一次；候补盐大使姚钧、候补典史张开焬等二员，均准记大功一次；候补知县杨增、候补州判丁仁蘖、候补县丞沈晋蕃、候补典史汪元臣等四员，均准记功一次；候补县丞程德春、训导杨世濂等二员，均准给予五品顶戴奖札；督标后营左哨千总倪芳等十一弁，均准遇有应升之缺，尽先拔补；五品顶戴于邦起等三弁，均准以外委归天津镇标尽先拔补；通永镇标尽先补用守备翟富春，准以守备尽先委署一次；通永镇标补用把总张万清等四弁，均准尽先委署一次；通永镇标拔补把总王燕亭等六弁，均准给予五品顶戴奖札；游击李瑞等二弁，均准记大功一次，以示鼓励。仰侯分行遵照。兹缮就五品顶戴奖札八张，随批发道，即分别给领具报。缴。

北洋大臣札行神机营随往巡阅各员弁兵丁分别存记奖赏钞稿

光绪十二年六月十六日到，为札饬事：据海军衙门总办文案恩佑禀称：奉谕随往巡阅各海口员弁兵丁，分别存记奖赏，钞录谕稿清单呈阅等情，到本阁爵大臣。据此，除清单存查外，合将谕稿钞黏札饬。札到该道，即便查照。此札。计黏钞稿。

奉谕："此次随往巡阅各海口之员弁兵丁，勤奋将事，且能恪守诫谕，毫无弊端，自应分别予奖。"惟查天津等处，除管队及船局各员外，均未列保，仅咨行北洋大臣分别记功、记缺，本署自当仿办。查各该员名均隶神机营，所有应列奏保者，以随从渡海者为优，留津者次之，饬据开单呈递前来。现经酌核批定，总办恩佑，著于例保管队议叙外，另行请奖；帮总办常明等三十五员，随从渡海，均著存记，附片汇保；帮总办堃岫等十二员，留津办事，均著存记例保；其随从渡海之书手荣昌等十九名，均奖给六品顶戴；中营步队兵延锐等四名，均奖给七品顶戴；听差兵双奎，奖给额外蓝翎；长书手多欢等三名，均咨保以本领下马甲披甲坐补；书手伯连等二十八名，各奖银八两；留津之书手双庆等二十八名，均著各奖银四两。所有存记各员，应俟神机营例保年分附片陈明请奖，其奖给顶戴钱粮，弁兵即由神机营发给功牌，分别咨行办理。其中营步队营总双凌，于船户滋事，未能立即弹压，从轻保奖。营务处委员佟泽沛，于奉查直字营演炮伤亡炮目刘士德一事，禀复不实，戈什哈连奎于查阅学堂时并不侍立，惟仅随便持扇，实属懈慢，姑念远路随行，均免惩办，勿庸予奖。特谕。

二品衔署长芦盐运使津海关道周馥谨志

编后记

三十年前，为纪念甲午战争百年，电视剧《北洋水师》在中央电视台三套上映。其开场画面最后定格在海面上荡漾的一只小小纸船。背景音如是说：“整整一百年前，在这条海岸线上，曾出现过一支亚洲第一位、世界第六位的庞大舰队，这就是北洋水师。”真挚的画面、入情的旁白和动人的配乐，在我年少的心中深深烙下关于北洋水师和中国近代海防的最初印象。

一个偶然的机会，我接触到姜鸣老师于1991年在上海交通大学出版社出版的《龙旗飘扬的舰队：中国近代海军兴衰史》一书。整整一月有余，我都沉浸在姜老师的真实笔触所营造的历史场景之中，浪涛滚滚、战旗猎猎、炮声隆隆……那些鲜活的人物、威武的军舰、激烈的海战，通过姜老师的文字，仿佛触手可及，硝烟刺鼻。这些画面在跌宕曲折的中国近代史中是如此的生动，即便屈辱，亦称磅礴。毫不夸张地说，这本《龙旗飘扬的舰队：中国近代海军兴衰史》引领着我一路学史、爱史，直到今天的谋生于史。

2014年，我在故宫出版社策划出版了一套大型历史照片册《故宫藏影》，在故宫博物院收藏的几万张历史照片中选择精品，以期体现晚清历史，尤其是晚清宫廷史。该书出版不久，又承蒙故宫博物院图书馆张荣馆长的厚爱与信任，参与到“光影百年：故宫博物院九十华诞典藏老照片展”的筹展与图录撰写工作。在两本书的编写过程中，我几乎浏览了故宫图书馆保存的全部历史照片，对我院的老照片收藏有了比较清晰的认识与把握。为了配合《故宫藏影》《光影百年》二书的出版，我又策划了《西洋镜里的皇朝晚景》系列明信片，分为“紫禁城宫殿”“皇家园林”“慈禧太后”“末代皇帝”“末代皇后”“逊清皇室”“宫女太监”“清末官员”“街衢市肆”“京华众生”10种。没有想到的是，其中的“清末官员”12帧历史照片的选择竟然将我与儿时的偶像姜鸣老师连结在一起，个中因缘，不可思议。

事情是这样的。《西洋镜里的皇朝晚景》“清末官员”1种12帧，均选取自故宫博物院图书馆保存的《王大臣官弁亲兵照像》影集。当时故宫人对这本影集的认识，仅停留在一般内廷“呈览照片”上，并不了解它的历史背景，更没有人专文研究。所以我只以人物的声名煊赫与否作为选择标准，挑出恩佑、丁汝昌、宋庆、盛宣怀、左宝贵、叶志超等人，有单人照，也有集体照。虽然我也意识到其中一些照片可能是所拍摄人物唯一的影像留存，弥足珍贵，但绝没有意识到它们背后竟然隐藏着一段关于北洋水师的湮没历史。仅仅在封底录下如此文字，聊以作解：

> 本辑选录了12帧晚清官员照片，出自清政府对官员的拍照存证——《王大臣官弁亲兵照像》册，全部照片拍摄于19世纪80年代，是一部时代较早的官员影像档案。在本辑中，著名的洋务大臣盛宣怀尚是一名候补道员，还未被授予北洋水师提督的丁汝昌尚为直隶天津镇总兵，还有宋庆、左宝贵、叶志超等晚清名臣，这些几乎是被拍摄者人生的第一张照片，每一张都显得弥足珍贵。

明信片出版不久，即有我的良师益友——故宫博物院汪亓老师转来“腾讯大家”一文，嘱我一定抽时间看，并说“绝对不虚一阅”。打开链接，署名姜鸣老师的文章《老照片上晚清重臣的真容》赫然在目，让我激动不已。姜老师就《西洋镜里的皇朝晚景》“清末官员”12帧尤其是盛宣怀1帧9人合照进行了细致考证。在这篇文章中，姜老师满怀激动地说：

> 在我看来，这样的介绍（指封底文字）仍显模糊，出版者对其真正的史料背景和价值还不清晰。其实，这批照片统统拍摄于1886年5月20日上午，地点在旅顺口，是醇亲王奕譞在李鸿章陪同下巡阅北洋海防时，让随行摄影师梁时泰、来兴克为相关官员拍摄的一批照片中的几张。
>
> 三十多年来，我一直在追踪这次巡阅所拍摄照片的下落，也在漫长的寻觅过程中，逐渐看到一张张被湮没的旧照片重新显影面世。这次见到12张照片如此完整和清晰地重新发表（其中丁汝昌一照早已被广泛使用了，但出版社却没有将其与巡阅北洋海防这一事件联系在一起），使我感到兴奋不已。

阅毕，我立即经由汪亓老师与姜鸣老师取得了联系，并就这本影集的其他照片与姜老师进行了细致的探讨与往还，甚至还促成了一次到故宫博物院图书馆的实地观摩。由此，《王大臣官弁亲兵照像》影集的历史背景得以穿越厚重的宫墙而大白于天下。而我也因此与学生时代的偶像一举成为了忘年的朋友。从此，关于北洋水师、中国近代海防、晚清政局及其一切姜老师兴趣所至并能倾情投入研究的大量讯息和最新成果，在与他一次又一次的京沪会面中，远至西班牙、意大利、希腊、土耳其、埃及等地的万里传音中学习了解、消化吸收。终于，在姜老师的动议下，也就促成了这本《威宣渤海：清末醇亲王巡阅北洋海防》的出版。

《威宣渤海：清末醇亲王巡阅北洋海防》由姜鸣老师主编，按甲乙丙丁传统序列编排内容。甲篇收录姜老师的研究专文《洪涛纵目望无涯：醇亲王巡阅北洋海防的历史回顾》；丙篇收录目前为止能够找到的关于此次巡阅的绘画、旧影及舆图，其中《王大臣官弁亲兵照像》即在此列，同《渤海阅师图》册一道，均为首次完整且高清晰公开；丁篇至癸篇为姜老师多年收集的醇亲王巡阅北洋海防各类史料，包括奏折、懿旨、电报、信札、诗文、日记等。值得一提的是，在本书的组稿阶段，得到了香港故宫文化馆研究员、著名军事史与科技史专家周维强先生的大力支持，并欣然应允为本书创作《醇亲王巡阅北洋海防及其军事图绘》一文，编为乙篇，为全书增色尤多。

本书的出版，还得到了山东省水下考古研究中心刘烜赫、周强以及浙江蓝乐建筑设计有限公司张黎源三位先生的大力支持，尤其在所录历史照片的考证方面，他们精准的识别为本书提供了学术保障。福州插画师翁林涛先生为本书专门创作了封面插图。他以《渤海阅师图》册之《海军布陈》为依据，将醇亲王大沽口启航后的俯瞰视角创作为平行视角，北洋水师舳舻两翼的壮观场面让观者为之震撼。故宫博物院研究馆员汪亓先生为本书题写了书名，他与姜鸣老师是多年挚友，本书得以出版，实际上肇始于他那次“绝对不虚一阅”的转发，得以让我与姜老师建立联系。玉成之功，不可磨灭。另有其他几位先生为本书的出版做出了贡献，姜鸣老师已在序言中言及，兹不赘述。

今年正值中日甲午海战一百三十周年。那场剜入中国人骨髓的战争，轰鸣在耳，怆痛至今。百多年来，一代又一代学者发现甲午，研究甲午，反思甲午，人们在离乱中寻找希望，在争鸣中洞鉴真相。抚今追昔，我们于残炮想见爆裂，于沉舰想见决绝，于怒涛想见飘摇，于瓦砾想见萧条。沧海桑田，《北洋水师》电视剧中那只海面上荡漾的小小纸船，今天已经发展为强大的人民海军，在辽阔的海疆上捍卫着我们的海洋权益。

愿以此书付碧海！后者必将以她激扬澎湃的波涛、晦明浮跃的光影，将无数献身中国海防事业之先烈们的美好祝愿带给我们。

故宫出版社副编审、宫廷历史编辑室主任　王志伟
2024年9月于紫禁城南十三排